EERSTE EDITIE - Gepubliceerd in 2022

Extra grafisch materiaal van: www.freepik.com
Dank aan: Alekksall, Starline, Pch.vector, Rawpixel.com, Vectorpocket, Dgim-studio, Upklyak, Macrovector, Stockgiu, Pikisuperstar & Freepik.com Designers

Ontdek gratis online spelletjes

Hier verkrijgbaar:

BestActivityBooks.com/FREEGAMES

5 TIPS OM TE BEGINNEN!

1) HOE OP TE LOSSEN

De Puzzels zijn in een Klassiek Formaat:

- Woorden worden verborgen zonder pauzes (geen spaties, streepjes, ...)
- Oriëntatie: Voorwaarts & Achterwaarts, Boven & Beneden of in Diagonaal (kan in beide richtingen)
- Woorden kunnen elkaar overlappen of kruisen

2) ACTIEF LEREN

Naast elk woord is een spatie voorzien om de vertaling te noteren. Om actief te leren vindt u een **WOORDENBOEK** aan het einde van deze editie om uw kennis te controleren en uit te breiden. U kunt elke vertaling opzoeken en opschrijven, de woorden in de puzzel vinden en ze vervolgens aan uw woordenschat toevoegen!

3) TAG JE WOORDEN

Hebt u al geprobeerd een labelsysteem te gebruiken? U zou bijvoorbeeld de woorden die moeilijk te vinden waren kunnen markeren met een kruis, de woorden die u leuk vond met een ster, nieuwe woorden met een driehoek, zeldzame woorden met een ruit enzovoort...

4) ORGANISEER UW LEREN

Wij bieden ook een handig **NOTITIEBOEKJE** aan het eind van deze uitgave. Of u nu op vakantie, op reis of thuis bent, u kunt uw nieuwe kennis gemakkelijk ordenen zonder dat u een tweede notitieboek nodig hebt!

5) AFGESLOTEN?

Ga naar de bonussectie: **FINAAL UITDAGING** om een gratis spel te vinden dat aan het einde van deze editie wordt aangeboden!

Wil je meer leuke en leerzame activiteiten? Het is Snel en Eenvoudig!
Een hele collectie spelboeken slechts **één klik verwijderd!**

Vind uw volgende uitdaging bij:

BestActivityBooks.com/MijnVolgendeBoek

Klaar... Start!

Wist u dat er zo'n 7000 verschillende talen in de wereld zijn? Woorden zijn kostbaar.

We houden van talen en hebben hard gewerkt om de boeken van de hoogste kwaliteit voor u te maken. Onze ingrediënten?

Een selectie van onmisbare leerthema's, drie grote plakken plezier, dan voegen we er een lepel moeilijke woorden en een snuifje zeldzame woorden aan toe. We serveren ze met zorg en een maximum aan verrukking, zodat je de beste woordspelletjes kunt oplossen en veel plezier beleeft aan het leren!

Uw feedback is essentieel. U kunt een actieve bijdrage leveren aan het succes van dit boek door een recensie achter te laten. Vertel ons wat u het meest beviel in deze editie!

Hier is een korte link die u naar uw bestelpagina brengt:

BestBooksActivity.com/Recensies50

Bedankt voor uw hulp en veel plezier met het spel!

Linguas Classics

1 - Metingen

Ί	Π	Ό	Ί	Ψ	Σ	Λ	Μ	Ο	Σ	Ο	Τ	Ά	Λ	Π	Χ
Ν	Ρ	Κ	Λ	Ο	Ν	Ε	Α	Ψ	Λ	Υ	Υ	Μ	Ο	Δ	Ω
Γ	Ε	Ι	Α	Μ	Η	Π	Υ	Ί	Ο	Β	Η	Γ	Ε	Π	Π
Ν	Ρ	Δ	Ρ	Δ	Α	Τ	Β	Μ	Ρ	Ά	Ξ	Π	Γ	Ε	Ο
Γ	Μ	Α	Ζ	Ά	Μ	Ό	Η	Έ	Π	Θ	Ε	Β	Υ	Ι	Η
Ν	Ψ	Κ	Μ	Ζ	Υ	Γ	Ί	Ζ	Ω	Ο	Λ	Ψ	Ψ	Ο	Ά
Η	Α	Ε	Τ	Μ	Υ	Ψ	Ο	Σ	Χ	Σ	Ο	Κ	Ή	Μ	Ι
Π	Ε	Δ	Μ	Χ	Ά	Ω	Α	Ρ	Ι	Ό	Ι	Ί	Γ	Μ	Β
Π	Ω	Σ	Ε	Ψ	Ω	Ρ	Α	Ν	Λ	Μ	Φ	Ε	Σ	Α	Λ
Γ	Λ	Η	Λ	Π	Α	Χ	Ι	Χ	Ι	Θ	Η	Λ	Χ	Ρ	Υ
Ε	Κ	Α	Τ	Ο	Σ	Τ	Ό	Ο	Ό	Α	Ψ	Ί	Ξ	Γ	Ξ
Ί	Ι	Ξ	Ε	Δ	Ο	Ρ	Τ	Έ	Μ	Β	Έ	Τ	Ο	Ό	Μ
Ι	Ν	Ε	Π	Έ	Ν	Σ	Έ	Ρ	Ε	Λ	Δ	Ρ	Υ	Ι	Χ
Έ	Β	Τ	Ρ	Π	Ό	Ξ	Χ	Α	Τ	Υ	Β	Ο	Δ	Λ	Π
Ρ	Έ	Η	Σ	Α	Τ	Ν	Έ	Ψ	Ρ	Γ	Ρ	Λ	Β	Ι	Τ
Ξ	Ι	Υ	Τ	Α	Έ	Μ	Ρ	Ρ	Ο	Ρ	Ρ	Μ	Τ	Χ	Ο

ΠΛΆΤΟΣ
ΨΗΦΙΟΛΕΞΗ
ΕΚΑΤΟΣΤΌ
ΔΕΚΑΔΙΚΌ
ΒΆΘΟΣ
ΖΥΓΊΖΩ
ΒΑΘΜΌΣ
ΓΡΑΜΜΆΡΙΟ
ΎΨΟΣ
ΊΝΤΣΑ

ΧΙΛΙΌΓΡΑΜΜΟ
ΧΙΛΙΌΜΕΤΡΟ
ΜΉΚΟΣ
ΛΊΤΡΟ
ΜΆΖΑ
ΜΈΤΡΟ
ΛΕΠΤΌ
ΟΥΓΓΊΑ
ΤΌΝΟΣ
ΈΝΤΑΣΗ

2 - Opwarming van de Aarde

```
Π  Ί  Ί  Β  Ω  Ρ  Η  Ξ  Υ  Τ  Π  Ά  Ν  Α  Ψ  Ο
Ι  Ψ  Π  Υ  Ξ  Α  Τ  Β  Α  Γ  Ρ  Α  Σ  Α  Ψ  Ν
Ο  Ι  Ί  Η  Ω  Ε  Τ  Α  Ν  Έ  Ο  Ι  Ρ  Έ  Α  Ν
Ε  Κ  Υ  Β  Έ  Ρ  Ν  Η  Σ  Η  Σ  Κ  Ρ  Ί  Σ  Η
Δ  Π  Α  Ι  Ξ  Έ  Π  Γ  Ε  Ψ  Ο  Η  Χ  Ε  Ά  Μ
Ε  Τ  Ι  Θ  Ο  Δ  Α  Ί  Ν  Α  Χ  Η  Μ  Ο  Ι  Β
Δ  Ώ  Ε  Σ  Ε  Ί  Ω  Π  Θ  Μ  Ή  Ξ  Β  Τ  Ν  Ν
Ο  Ρ  Γ  Π  Τ  Ρ  Α  Τ  Ε  Ί  Έ  Ο  Ι  Ρ  Ε  Ο
Μ  Α  Ρ  Η  Ι  Ή  Μ  Υ  Ι  Λ  Υ  Λ  Ρ  Α  Γ  Μ
Έ  Χ  Έ  Ξ  Ξ  Ε  Μ  Ο  Δ  Κ  Υ  Η  Λ  Ί  Ί  Ο
Ν  Δ  Ν  Π  Ξ  Γ  Η  Ο  Κ  Α  Δ  Ι  Δ  Ο  Ι  Θ
Α  Β  Ε  Ο  Ο  Λ  Δ  Ψ  Ν  Ρ  Τ  Ί  Ο  Υ  Ν  Ε
Σ  Υ  Ν  Έ  Π  Ε  Ι  Ε  Σ  Α  Α  Σ  Σ  Ξ  Γ  Σ
Α  Ρ  Κ  Τ  Ι  Κ  Ή  Β  Π  Χ  Σ  Σ  Χ  Ρ  Τ  Ί
Σ  Α  Τ  Έ  Δ  Τ  Ί  Μ  Σ  Ρ  Ω  Ί  Ι  Ε  Α
Τ  Ν  Γ  Υ  Λ  Τ  Ι  Α  Ο  Ξ  Β  Έ  Ν  Α  Γ  Ξ
```

ΠΡΟΣΟΧΉ	ΔΙΕΘΝΕΣ
ΑΡΚΤΙΚΉ	ΚΛΊΜΑ
ΚΡΊΣΗ	ΤΏΡΑ
ΕΝΈΡΓΕΙΑ	ΑΝΆΠΤΥΞΗ
ΑΈΡΙΟ	ΚΥΒΈΡΝΗΣΗ
ΔΕΔΟΜΈΝΑ	ΘΕΡΜΟΚΡΑΣΊΑ
ΓΕΝΙΆ	ΜΈΛΛΟΝ
ΣΥΝΈΠΕΙΕΣ	ΕΠΙΣΤΉΜΟΝΑΣ
ΒΙΟΜΗΧΑΝΊΑ	ΝΟΜΟΘΕΣΊΑ

3 - Boten

```
Ψ Π Α Σ Ο Ί Ε Μ Θ Ρ Ο Π Β Γ Ε Τ
Χ Ο Π Ω Χ Σ Ν Δ Χ Ω Μ Λ Λ Ω Σ Η
Ί Τ Ο Ο Σ Ο Ω Π Γ Ν Δ Ή Ί Ε Α Υ
Θ Α Β Ν Ξ Ο Ι Η Α Ι Τ Ρ Ά Τ Α Κ
Ά Μ Ά Π Η Ψ Ό Ν Α Κ Ο Ω Ξ Β Ί Ά
Λ Ό Θ Έ Δ Μ Ξ Μ Ί Γ Ι Μ Ι Ί Δ Ι
Α Σ Ρ Ω Ν Η Η Ί Ά Σ Γ Α Χ Ε Ε Γ
Σ Ο Α Η Μ Χ Μ Λ Ω Γ Ω Π Ε Π Χ Α
Σ Ρ Δ Ε Γ Α Α Έ Κ Μ Κ Σ Ω Α Σ Κ
Α Ρ Έ Ξ Ο Ν Η Η Ε Ί Λ Υ Ί Β Τ Γ
Ρ Υ Ν Ο Ν Ή Έ Ο Α Σ Τ Β Ρ Β Η Ψ
Ν Α Υ Τ Ι Κ Ό Λ Ν Λ Χ Λ Δ Α Ι Π
Ξ Ρ Α Ι Ο Ξ Ο Μ Ό Κ Ύ Μ Α Τ Α Α
Ρ Η Π Ε Γ Ψ Σ Δ Σ Ι Ι Β Λ Δ Ι Η
Σ Η Μ Α Δ Ο Ύ Ρ Α Σ Υ Ε Υ Ρ Δ Ψ
Ι Σ Τ Ι Ο Φ Ό Ρ Ο Β Μ Χ Γ Χ Α Π
```

ΆΓΚΥΡΑ	ΜΗΧΑΝΉ
ΠΛΉΡΩΜΑ	ΝΑΥΤΙΚΌ
ΣΗΜΑΔΟΎΡΑ	ΩΚΕΑΝΌΣ
ΑΠΟΒΆΘΡΑ	ΣΩΣΊΒΙΑ
ΚΎΜΑΤΑ	ΠΟΤΑΜΌΣ
ΓΙΟΤ	ΣΧΟΙΝΊ
ΚΑΓΙΆΚ	ΠΟΡΘΜΕΊΟ
ΚΑΝΌ	ΣΧΕΔΊΑ
ΚΑΤΆΡΤΙ	ΘΆΛΑΣΣΑ
ΛΊΜΝΗ	ΙΣΤΙΟΦΌΡΟ

4 - Chocolade

Β	Δ	Ρ	Ί	Γ	Ω	Μ	Έ	Π	Χ	Γ	Υ	Λ	Ρ	Σ	Κ
Τ	Ι	Σ	Υ	Ν	Τ	Α	Γ	Ή	Ο	Ε	Ξ	Ψ	Ω	Γ	Α
Π	Ψ	Ο	Η	Χ	Γ	Μ	Μ	Ό	Κ	Ι	Τ	Ω	Ξ	Ε	Κ
Θ	Ξ	Ν	Τ	Π	Α	Ω	Γ	Ί	Β	Υ	Ό	Ί	Μ	Ύ	Ά
Ί	Ε	Α	Ί	Ε	Π	Ρ	Δ	Σ	Ψ	Υ	Κ	Τ	Ί	Σ	Ο
Ί	Μ	Ρ	Ο	Ε	Χ	Ά	Β	Ψ	Δ	Α	Α	Α	Η	Η	Ξ
Ν	Ε	Λ	Μ	Π	Ο	Ν	Π	Β	Β	Ω	Ρ	Γ	Ψ	Τ	Σ
Ψ	Η	Ρ	Π	Ι	Α	Υ	Ι	Ό	Γ	Ν	Α	Α	Σ	Ν	Α
Τ	Π	Ξ	Τ	Δ	Δ	Ν	Ξ	Κ	Ψ	Ό	Μ	Π	Κ	Δ	Ι
Ι	Ξ	Υ	Μ	Γ	Ύ	Ε	Ο	Ι	Ή	Σ	Έ	Η	Ό	Ο	Κ
Π	Υ	Γ	Ι	Γ	Ρ	Μ	Σ	Τ	Ρ	Τ	Λ	Μ	Ν	Γ	Ί
Υ	Γ	Τ	Δ	Χ	Α	Ξ	Γ	Α	Κ	Ι	Α	Έ	Η	Λ	Τ
Η	Τ	Ί	Ρ	Μ	Κ	Υ	Ψ	Τ	Ι	Μ	Ω	Ν	Τ	Υ	Σ
Ζ	Ά	Χ	Α	Ρ	Η	Ξ	Ν	Σ	Π	Ο	Ν	Ο	Έ	Κ	Ι
Π	Η	Χ	Σ	Π	Ί	Σ	Ο	Υ	Ί	Β	Μ	Σ	Σ	Ό	Φ
Ω	Λ	Β	Γ	Δ	Ω	Υ	Δ	Σ	Ι	Ψ	Α	Τ	Ψ	Δ	Χ

ΆΡΩΜΑ
ΒΙΟΤΕΧΝΙΚΉ
ΠΙΚΡΉ
ΚΑΚΆΟ
ΘΕΡΜΙΔΕΣ
ΕΞΩΤΙΚΌ
ΑΓΑΠΗΜΈΝΟΣ
ΝΌΣΤΙΜΟ
ΣΥΣΤΑΤΙΚΌ

ΚΑΡΑΜΈΛΑ
ΚΑΡΎΔΑ
ΠΟΙΌΤΗΤΑ
ΦΙΣΤΊΚΙΑ
ΣΚΌΝΗ
ΣΥΝΤΑΓΉ
ΓΕΎΣΗ
ΖΆΧΑΡΗ
ΓΛΥΚΌ

5 - Gezondheid en Welzijn #2

```
Α  Μ  Ζ  Π  Σ  Ρ  Ν  Μ  Α  Μ  Ό  Λ  Υ  Ν  Σ  Η
Λ  Ι  Υ  Ί  Ώ  Ψ  Ο  Α  Ή  Ν  Σ  Β  Ψ  Ψ  Γ  Ψ
Λ  Σ  Γ  Ε  Μ  Υ  Σ  Σ  Φ  Ρ  Α  Χ  Χ  Ψ  Ν  Έ
Ε  Η  Ί  Σ  Α  Γ  Ο  Ά  Ο  Χ  Ω  Τ  Μ  Ρ  Ψ  Π
Ρ  Γ  Ζ  Η  Δ  Ι  Κ  Ζ  Ρ  Τ  Β  Δ  Ο  Υ  Μ  Ρ
Γ  Ε  Ω  Σ  Ί  Ή  Ο  Α  Τ  Σ  Α  Ψ  Σ  Μ  Β  Α
Ί  Ν  Ω  Η  Μ  Α  Μ  Ψ  Α  Ι  Ξ  Ε  Ί  Ξ  Ί  Ι
Α  Ε  Ω  Τ  Ρ  Υ  Ε  Β  Ι  Τ  Α  Μ  Ί  Ν  Η  Α
Ι  Τ  Γ  Κ  Ε  Ε  Ί  Ρ  Δ  Ω  Ο  Ι  Έ  Ν  Υ  Β
Τ  Ι  Ω  Ά  Θ  Α  Ο  Γ  Η  Ύ  Ω  Έ  Γ  Χ  Γ  Β
Σ  Κ  Μ  Ν  Ν  Λ  Α  Β  Ψ  Μ  Ν  Ε  Μ  Δ  Ι  Υ
Ώ  Ή  Π  Α  Ι  Ε  Γ  Ρ  Έ  Ν  Ε  Α  Έ  Ξ  Ε  Ο
Ρ  Τ  Μ  Υ  Μ  Ω  Σ  Β  Έ  Λ  Ί  Ω  Μ  Σ  Ι  Λ
Ρ  Ο  Γ  Μ  Ρ  Ί  Ρ  Ρ  Π  Ξ  Ε  Ξ  Μ  Η  Ν  Ξ
Α  Μ  Χ  Ρ  Ξ  Έ  Α  Χ  Τ  Σ  Τ  Έ  Δ  Ο  Ή  Ρ
Ε  Γ  Ω  Ε  Β  Σ  Α  Ν  Λ  Ί  Ρ  Ω  Ω  Ψ  Ι  Ν
```

ΑΛΛΕΡΓΊΑ	ΥΓΙΕΙΝΉ
ΑΝΑΤΟΜΊΑ	ΜΌΛΥΝΣΗ
ΑΊΜΑ	ΔΎΝΑΜΗ
ΘΕΡΜΊΔΑ	ΣΏΜΑ
ΔΙΑΤΡΟΦΉ	ΜΑΣΆΖ
ΕΝΈΡΓΕΙΑ	ΠΈΨΗ
ΓΕΝΕΤΙΚΉ	ΠΊΕΣΗ
ΖΥΓΊΖΩ	ΒΙΤΑΜΊΝΗ
ΥΓΊΉ	ΝΟΣΟΚΟΜΕΊΟ
ΑΝΆΚΤΗΣΗ	ΑΡΡΏΣΤΙΑ

6 - Tijd

```
Ε  Ή  Ί  Α  Ι  Ὡ  Ν  Α  Σ  Ι  Ό  Χ  Η  Λ  Η  Α
Λ  Γ  Χ  Η  Χ  Μ  Π  Λ  Α  Ί  Τ  Ε  Α  Κ  Ε  Δ
Η  Μ  Ε  Ρ  Ο  Λ  Ό  Γ  Ι  Ο  Π  Ὡ  Τ  Π  Π  Ά
Μ  Έ  Ρ  Α  Α  Ρ  Ὡ  Τ  Σ  Ό  Ε  Α  Ρ  Σ  Η  Μ
Υ  Έ  Β  Ε  Α  Η  Ε  Π  Ή  Ξ  Λ  Τ  Ε  Α  Σ  Ο
Μ  Έ  Λ  Λ  Ο  Ν  Λ  Ά  Τ  Ε  Μ  Ο  Ι  Ν  Ή  Δ
Ί  Υ  Ω  Η  Ί  Α  Ξ  Χ  Ε  Μ  Ω  Λ  Ρ  Ή  Μ  Β
Σ  Π  Υ  Γ  Α  Υ  Ν  Ψ  Έ  Β  Α  Ν  Έ  Μ  Ε  Ε
Ψ  Ξ  Τ  Σ  Ν  Ψ  Γ  Ι  Χ  Ξ  Π  Ε  Μ  Β  Ρ  Ν
Ν  Ο  Γ  Η  Ν  Γ  Λ  Υ  Ω  Ν  Α  Μ  Η  Ψ  Α  Ύ
Π  Β  Ε  Γ  Ί  Ι  Π  Ο  Μ  Τ  Ι  Ε  Σ  Ω  Ε  Χ
Ξ  Λ  Ί  Τ  Η  Ω  Ρ  Έ  Ξ  Χ  Ε  Τ  Ε  Ξ  Ε  Τ
Π  Α  Η  Χ  Υ  Ε  Ω  Ρ  Έ  Χ  Τ  Μ  Μ  Λ  Υ  Α
Τ  Η  Ρ  Μ  Τ  Η  Ί  Ι  Ω  Η  Ο  Ξ  Β  Ω  Α  Ψ
Σ  Α  Γ  Υ  Ί  Π  Β  Ω  Ι  Τ  Σ  Ε  Θ  Χ  Π  Ί
Π  Υ  Ν  Α  Έ  Β  Ω  Ξ  Δ  Δ  Λ  Γ  Ί  Ν  Λ  Ω
```

ΜΈΡΑ	ΛΕΠΤΌ
ΔΕΚΑΕΤΊΑ	ΜΕΤΆ
ΑΙΏΝΑΣ	ΝΎΧΤΑ
ΧΘΕΣ	ΤΏΡΑ
ΕΤΟΣ	ΠΡΩΪ
ΕΤΉΣΙΑ	ΜΈΛΛΟΝ
ΗΜΕΡΟΛΌΓΙΟ	ΏΡΑ
ΡΟΛΌΙ	ΣΉΜΕΡΑ
ΜΉΝΑΣ	ΑΡΧΉ
ΜΕΣΗΜΈΡΙ	ΕΒΔΟΜΆΔΑ

7 - Meditatie

Η	Ή	Κ	Ι	Τ	Π	Ο	Ο	Ρ	Π	Γ	Ω	Ί	Ψ	Κ	Σ
Ρ	Κ	Ρ	Ο	Α	Α	Ψ	Υ	Χ	Β	Α	Ψ	Ι	Υ	Ί	Υ
Έ	Ι	Λ	Α	Ξ	Ρ	Ε	Υ	Τ	Υ	Χ	Ί	Α	Χ	Ν	Ν
Β	Σ	Ω	Ω	Υ	Α	Σ	Σ	Τ	Ί	Ί	Ψ	Σ	Ι	Η	Α
Ν	Υ	Η	Σ	Ά	Τ	Σ	Υ	Α	Ψ	Ι	Υ	Ε	Κ	Σ	Ι
Ψ	Ο	Ν	Ε	Δ	Ή	Ν	Σ	Μ	Φ	Η	Ω	Υ	Ή	Η	Σ
Α	Μ	Ύ	Ω	Υ	Ρ	Α	Χ	Π	Π	Ή	Π	Ω	Ι	Σ	Θ
Β	Π	Σ	Τ	Η	Η	Σ	Ύ	Φ	Σ	Ό	Ν	Μ	Υ	Μ	Ή
Μ	Λ	Ο	Ι	Χ	Σ	Υ	Δ	Π	Μ	Ν	Ν	Ε	Ί	Δ	Μ
Ε	Λ	Λ	Δ	Ρ	Η	Ν	Ή	Ρ	Ι	Ε	Μ	Ι	Ι	Η	Α
Ι	Π	Α	Ή	Ο	Ν	Π	Α	Ν	Α	Ψ	Έ	Ω	Α	Α	Τ
Ψ	Δ	Κ	Τ	Χ	Χ	Ε	Ι	Α	Β	Λ	Η	Π	Σ	Γ	Α
Ν	Σ	Λ	Η	Μ	Ο	Ή	Χ	Ο	Σ	Ο	Ρ	Π	Κ	Σ	Λ
Ε	Υ	Γ	Ν	Ω	Μ	Ο	Σ	Ύ	Ν	Η	Χ	Μ	Έ	Η	Ψ
Ο	Υ	Μ	Η	Ξ	Ύ	Π	Ν	Η	Σ	Ε	Ξ	Ω	Ψ	Ψ	Ο
Ξ	Π	Β	Λ	Α	Δ	Ι	Ί	Η	Ψ	Ε	Γ	Χ	Η	Δ	Γ

ΠΡΟΣΟΧΉ	ΣΥΜΠΌΝΙΑ
ΑΠΟΔΟΧΉ	ΨΥΧΙΚΉ
ΑΝΑΠΝΟΉ	ΜΟΥΣΙΚΉ
ΚΊΝΗΣΗ	ΦΎΣΗ
ΕΥΓΝΩΜΟΣΎΝΗ	ΠΑΡΑΤΉΡΗΣΗ
ΣΥΝΑΙΣΘΉΜΑΤΑ	ΠΡΟΟΠΤΙΚΉ
ΣΚΈΨΗ	ΣΙΩΠΉ
ΕΥΤΥΧΊΑ	ΕΙΡΉΝΗ
ΣΑΦΉΝΕΙΑ	ΚΑΛΟΣΎΝΗ
ΣΤΆΣΗ	ΞΎΠΝΗΣΕ

8 - Muziek

```
Λ  Μ  Π  Ν  Χ  Χ  Έ  Χ  Α  Υ  Χ  Ι  Α  Μ  Ό  Γ
Σ  Υ  Ο  Π  Μ  Έ  Τ  Ρ  Έ  Η  Γ  Ό  Υ  Ο  Ρ  Ο
Α  Η  Ρ  Υ  Δ  Σ  Ι  Ν  Σ  Ί  Α  Π  Τ  Υ  Γ  Ο
Υ  Ή  Κ  Ι  Σ  Α  Λ  Κ  Η  Ο  Ψ  Ε  Ο  Σ  Α  Ρ
Τ  Ε  Ή  Ψ  Κ  Ι  Ω  Χ  Ξ  Μ  Ρ  Ρ  Σ  Ι  Ν  Ρ
Τ  Ρ  Φ  Ν  Ο  Ή  Κ  Ω  Α  Ε  Υ  Α  Χ  Κ  Ο  Μ
Ρ  Γ  Α  Μ  Ρ  Α  Σ  Ή  Ρ  Λ  Θ  Ί  Ε  Ό  Γ  Ι
Α  Υ  Ρ  Γ  Ύ  Ί  Ξ  Κ  Μ  Ω  Μ  Δ  Δ  Σ  Ψ  Κ
Γ  Έ  Γ  Ρ  Ο  Δ  Ί  Ι  Ο  Δ  Ι  Ω  Ι  Ρ  Ω  Ρ
Ο  Ε  Γ  Ξ  Μ  Υ  Ί  Τ  Ν  Ί  Κ  Ρ  Ά  Ρ  Μ  Ό
Υ  Β  Ε  Ρ  Θ  Ε  Δ  Η  Ί  Α  Ή  Ο  Σ  Ν  Χ  Φ
Δ  Ι  Έ  Ο  Υ  Β  Β  Ι  Α  Χ  Ο  Χ  Ε  Δ  Χ  Ω
Ώ  Ω  Π  Δ  Ρ  Β  Ο  Ο  Σ  Υ  Ρ  Ι  Ι  Έ  Ξ  Ν
Ω  Ε  Ρ  Ξ  Χ  Π  Σ  Π  Ί  Τ  Β  Ο  Ξ  Η  Ε  Ο
Μ  Π  Α  Λ  Ά  Ν  Τ  Α  Ί  Ε  Ή  Σ  Ω  Ρ  Π  Τ
Ά  Λ  Μ  Π  Ο  Υ  Μ  Σ  Γ  Ω  Ρ  Σ  Ρ  Ο  Γ  Π
```

ΆΛΜΠΟΥΜ	ΜΟΥΣΙΚΉ
ΜΠΑΛΆΝΤΑ	ΜΟΥΣΙΚΌΣ
ΑΡΜΟΝΊΑ	ΌΠΕΡΑ
ΑΥΤΟΣΧΕΔΙΆΣΕΙ	ΕΓΓΡΑΦΉ
ΌΡΓΑΝΟ	ΠΟΙΗΤΙΚΉ
ΚΛΑΣΙΚΉ	ΡΥΘΜΟΎ
ΧΟΡΩΔΊΑ	ΡΥΘΜΙΚΉ
ΛΥΡΙΚΉ	ΤΈΜΠΟ
ΜΕΛΩΔΊΑ	ΤΡΑΓΟΥΔΙΣΤΉΣ
ΜΙΚΡΌΦΩΝΟ	ΤΡΑΓΟΥΔΏ

9 - Vogels

```
Ψ Π Ψ Μ Λ Ί Υ Β Ι Ν Ί Έ Ψ Σ Α Α
Η Ι Γ Ξ Ξ Λ Έ Π Ξ Κ Ι Τ Β Π Υ Λ
Ι Γ Ν Ά Κ Υ Ο Τ Μ Χ Ά Α Έ Ο Γ Δ
Ο Κ Έ Ώ Π Ε Ρ Ι Σ Τ Έ Ρ Ι Υ Ό Κ
Χ Ο Ω Χ Γ Ε Ρ Ω Δ Ι Ο Σ Ε Ρ Α Ο
Ν Υ Μ Ι Π Α Π Α Γ Ά Λ Ο Σ Γ Ε Τ
Β Ί Μ Ω Ι Ρ Π Ι Έ Η Ί Κ Ό Ί Τ Ό
Ο Ν Α Κ Ε Λ Ε Π Μ Χ Ε Ύ Γ Τ Ό Π
Έ Ο Χ Ξ Ι Δ Σ Ά Β Σ Ν Ο Ρ Ι Σ Ο
Ο Σ Μ Ή Α Ν Β Π Χ Η Λ Κ Α Ν Ο Υ
Ι Ο Κ Γ Ν Ί Μ Α Λ Φ Υ Γ Λ Β Ν Λ
Β Η Ρ Ω Ω Α Α Ψ Ο Ο Ψ Μ Ε Ν Κ Ο
Κ Ο Υ Κ Ο Υ Β Ά Γ Ι Α Ι Π Σ Ύ Χ
Β Χ Έ Α Η Λ Ί Τ Γ Λ Ά Ρ Ο Σ Κ Η
Β Ψ Ν Β Π Η Μ Ε Τ Ω Ι Χ Η Ρ Σ Ν
Ν Έ Δ Ο Ψ Ώ Η Γ Ο Ι Υ Γ Ί Τ Χ Λ
```

ΑΕΤΌΣ	ΣΠΟΥΡΓΊΤΙ
ΠΕΡΙΣΤΈΡΙ	ΠΕΛΑΡΓΌΣ
ΠΆΠΙΑ	ΠΑΠΑΓΆΛΟΣ
ΑΥΓΌ	ΠΑΓΏΝΙ
ΦΛΑΜΊΝΓΚΟ	ΠΕΛΕΚΑΝ
ΧΉΝΑ	ΠΙΓΚΟΥΊΝΟΣ
ΓΕΡΆΚΙ	ΕΡΩΔΙΟΣ
ΚΟΤΌΠΟΥΛΟ	ΤΟΥΚΆΝ
ΚΟΎΚΟΣ	ΚΟΥΚΟΥΒΆΓΙΑ
ΓΛΆΡΟΣ	ΚΎΚΝΟΣ

10 - Universum

```
Π Σ Ή Α Γ Α Λ Α Ξ Ί Α Σ Ι Γ Η Α
Λ Υ Κ Ψ Τ Ε Υ Ο Π Δ Α Ω Τ Ε Μ Σ
Β Ο Ι Ο Η Μ Α Ρ Ω Β Ε Π Ι Ω Ι Τ
Τ Ι Μ Τ Τ Σ Ό Ψ Έ Ε Λ Ι Ε Γ Σ Ε
Ω Π Σ Ί Ξ Ά Η Σ Ί Λ Κ Τ Ρ Ρ Φ Ρ
Ί Ό Ο Γ Χ Ί Δ Β Φ Α Ί Ν Ν Α Α Ο
Α Κ Κ Λ Σ Υ Ε Ι Ο Α Τ Έ Ί Φ Ί Ε
Ί Σ Φ Ε Γ Γ Ά Ρ Ι Π Ι Ω Α Ι Ρ Ι
Μ Ε Τ Ρ Ί Ο Ζ Ώ Δ Ι Ο Ρ Ω Κ Ι Δ
Ο Λ Χ Ρ Ι Ί Ρ Γ Σ Η Η Ι Α Ό Ο Ή
Ν Η Π Τ Ο Π Β Ι Λ Λ Ξ Ι Β Υ Ψ Σ
Ο Τ Η Β Δ Ν Ω Ι Ά Ι Χ Ο Ρ Τ Α Ί
Ρ Ι Ι Ω Ρ Ω Ό Δ Λ Α Χ Δ Ι Π Χ Ξ
Τ Ι Χ Έ Ν Μ Τ Μ Ο Κ Ε Υ Ν Χ Β Ι
Σ Ο Υ Ρ Α Ν Ό Σ Ο Ή Τ Α Ρ Ο Ξ Μ
Α Ο Ρ Ί Ζ Ο Ν Τ Α Σ Π Ο Ι Ν Ω Υ
```

ΑΣΤΕΡΟΕΙΔΉΣ	ΟΡΊΖΟΝΤΑ
ΑΣΤΡΟΝΟΜΊΑ	ΚΛΊΣΗ
ΑΣΤΡΟΝΌΜΟΣ	ΚΟΣΜΙΚΉ
ΑΤΜΌΣΦΑΙΡΑ	ΓΕΩΓΡΑΦΙΚΌ
ΤΡΟΧΙΆ	ΦΕΓΓΆΡΙ
ΖΏΔΙΟ	ΓΑΛΑΞΊΑΣ
ΣΚΟΤΆΔΙ	ΤΗΛΕΣΚΌΠΙΟ
ΗΜΙΣΦΑΊΡΙΟ	ΟΡΑΤΉ
ΟΥΡΑΝΌΣ	ΗΛΙΑΚΉ

11 - Wiskunde

```
Ό  Κ  Ι  Δ  Α  Κ  Ε  Δ  Σ  Δ  Ά  Γ  Ε  Α  Ι  Χ
Π  Σ  Ά  Έ  Ί  Γ  Ε  Ν  Υ  Ι  Θ  Ε  Ξ  Ρ  Ω  Υ
Α  Φ  Δ  Θ  Μ  Ί  Τ  Ο  Μ  Ά  Ρ  Ω  Ί  Ι  Σ  Ι
Δ  Α  Ι  Ε  Ε  Η  Ψ  Έ  Μ  Μ  Ο  Μ  Σ  Θ  Π  Λ
Τ  Ί  Α  Π  Π  Τ  Η  Ι  Ε  Ε  Ι  Ε  Ω  Μ  Α  Π
Ε  Ρ  Ί  Ι  Γ  Έ  Ο  Μ  Τ  Σ  Τ  Σ  Η  Ρ  Ρ  Λ
Ψ  Α  Ρ  Τ  Λ  Θ  Μ  Σ  Ρ  Ρ  Μ  Ρ  Η  Τ  Ά  Α
Ψ  Δ  Ε  Έ  Π  Κ  Ε  Ν  Ί  Ο  Α  Ί  Έ  Ι  Λ  Τ
Ν  Λ  Σ  Ε  Έ  Ε  Α  Χ  Α  Σ  Γ  Α  Β  Κ  Λ  Ε
Ε  Ί  Η  Π  Ε  Ρ  Ι  Φ  Έ  Ρ  Ε  Ι  Α  Ή  Η  Ί
Ο  Ρ  Θ  Ο  Γ  Ώ  Ν  Ι  Ο  Β  Λ  Β  Μ  Π  Λ  Α
Γ  Δ  Γ  Τ  Ρ  Ι  Γ  Ώ  Ν  Ο  Υ  Γ  Σ  Τ  Η  Ί
Δ  Σ  Έ  Ν  Τ  Α  Σ  Η  Ε  Ν  Μ  Α  Ά  Υ  Λ  Ν
Έ  Α  Ν  Ο  Δ  Ι  Ω  Ο  Ν  Ω  Γ  Ύ  Λ  Ο  Π  Ω
Ν  Μ  Έ  Έ  Α  Ο  Δ  Ί  Ξ  Ο  Σ  Μ  Κ  Μ  Ξ  Γ
Ι  Δ  Μ  Λ  Μ  Ν  Ί  Ξ  Γ  Τ  Π  Μ  Υ  Χ  Ν  Ρ
```

ΣΦΑΊΡΑ
ΔΕΚΑΔΙΚΌ
ΔΙΆΜΕΤΡΟΣ
ΔΙΑΊΡΕΣΗ
ΤΡΙΓΏΝΟΥ
ΕΚΘΈΤΗ
ΚΛΆΣΜΑ
ΓΕΩΜΕΤΡΊΑ
ΓΩΝΊΑ
ΚΆΘΕΤΟΣ

ΠΕΡΙΦΈΡΕΙΑ
ΠΑΡΆΛΛΗΛΗ
ΟΡΘΟΓΏΝΙΟ
ΑΡΙΘΜΗΤΙΚΉ
ΆΘΡΟΙΣΜΑ
ΣΥΜΜΕΤΡΊΑ
ΠΟΛΎΓΩΝΟ
ΕΞΊΣΩΣΗ
ΠΛΑΤΕΊΑ
ΈΝΤΑΣΗ

12 - Gezondheid en Welzijn #1

```
Π  Η  Θ  Ε  Ρ  Α  Π  Ε  Ί  Α  Ε  Φ  Ρ  Ψ  Ν  Β
Υ  Σ  Έ  Ξ  Ψ  Έ  Ε  Χ  Ρ  Χ  Α  Α  Μ  Ρ  Έ  Δ
Μ  Ω  Υ  Α  Σ  Ι  Έ  Γ  Υ  Υ  Γ  Ρ  Ε  Ο  Σ  Δ
Τ  Ρ  Α  Υ  Μ  Α  Τ  Ι  Σ  Μ  Ό  Μ  Ν  Σ  Υ  Ί
Ξ  Ά  Ρ  Ξ  Σ  Ι  Ι  Η  Ό  Λ  Έ  Α  Ε  Τ  Μ  Ξ
Ν  Λ  Ύ  Λ  Ι  Ε  Τ  Α  Ι  Γ  Σ  Κ  Ρ  Ά  Π  Έ
Γ  Α  Ε  Ι  Έ  Θ  Χ  Ι  Τ  Η  Ή  Ε  Γ  Β  Λ  Β
Μ  Χ  Ν  Ε  Ω  Ή  Μ  Ρ  Ι  Ρ  Κ  Ί  Ή  Κ  Η  Ω
Δ  Β  Ρ  Ι  Ω  Ν  Ω  Ή  Β  Α  Ι  Ο  Ξ  Ά  Ρ  Ω
Β  Ι  Ο  Χ  Υ  Υ  Σ  Τ  Π  Η  Ν  Κ  Τ  Τ  Ώ  Ρ
Β  Χ  Δ  Δ  Ο  Σ  Ν  Κ  Ε  Π  Ι  Σ  Ή  Α  Μ  Ξ
Α  Τ  Γ  Ά  Α  Ρ  Ο  Α  Ί  Ν  Λ  Σ  Λ  Γ  Α  Β
Λ  Μ  Π  Ο  Κ  Ι  Μ  Β  Ν  Τ  Κ  Λ  Ρ  Μ  Τ  Υ
Ξ  Γ  Ί  Η  Ω  Τ  Γ  Ό  Α  Π  Μ  Α  Γ  Α  Α  Ψ
Ν  Ί  Ι  Β  Τ  Λ  Ω  Μ  Ν  Έ  Υ  Ρ  Ω  Μ  Β  Ο
Ν  Ψ  Α  Ξ  Έ  Έ  Β  Ρ  Ψ  Η  Σ  Ά  Τ  Σ  Π  Σ
```

ΕΝΕΡΓΉ	ΣΤΆΣΗ
ΦΑΡΜΑΚΕΊΟ	ΔΈΡΜΑ
ΒΑΚΤΉΡΙΑ	ΚΛΙΝΙΚΉ
ΟΣΤΆ	ΤΡΑΥΜΑΤΙΣΜΌ
ΚΆΤΑΓΜΑ	ΙΑΤΡΙΚΉ
ΔΙΔΆΚΤΩΡ	ΧΑΛΆΡΩΣΗ
ΣΥΝΉΘΕΙΑ	ΣΥΜΠΛΗΡΏΜΑΤΑ
ΠΕΊΝΑ	ΘΕΡΑΠΕΊΑ
ΎΨΟΣ	ΙΌΣ
ΟΡΜΌΝΗ	ΝΕΎΡΑ

13 - Camping

```
Ξ  Σ  Ε  Ί  Ί  Ι  Φ  Ω  Α  Ρ  Χ  Χ  Ί  Λ  Φ  Ω
Τ  Ψ  Έ  Η  Ν  Η  Ν  Ύ  Σ  Ω  Ε  Ν  Μ  Ε  Ε  Χ
Β  Ω  Τ  Χ  Μ  Ι  Α  Δ  Σ  Ρ  Λ  Η  Ο  Ι  Γ  Ψ
Έ  Ψ  Μ  Ρ  Χ  Ι  Χ  Ψ  Η  Η  Δ  Ι  Β  Ο  Γ  Υ
Φ  Σ  Ω  Ι  Μ  Ψ  Μ  Β  Ρ  Τ  Γ  Κ  Ω  Μ  Ά  Ο
Λ  Ω  Σ  Χ  Ω  Δ  Έ  Ω  Ι  Ρ  Ά  Ν  Α  Φ  Ρ  Χ
Μ  Η  Τ  Α  Ρ  Τ  Ν  Έ  Δ  Ά  Σ  Μ  Ρ  Ν  Ι  Δ
Ί  Ί  Ν  Ι  Ο  Χ  Σ  Τ  Α  Χ  Υ  Ψ  Ώ  Σ  Ό  Α
Π  Υ  Χ  Ε  Ά  Έ  Ν  Τ  Ο  Μ  Ο  Μ  Ι  Λ  Ν  Σ
Α  Β  Λ  Τ  Έ  Σ  Π  Υ  Ξ  Ί  Δ  Α  Α  Α  Ξ  Υ  Ο
Τ  Ψ  Η  Έ  Π  Κ  Ί  Ρ  Ν  Γ  Α  Η  Δ  Γ  Ο  Σ
Ο  Ξ  Ν  Π  Ξ  Η  Κ  Υ  Ν  Ή  Γ  Ι  Υ  Ω  Β  Χ
Β  Μ  Ψ  Ι  Α  Ν  Ί  Π  Μ  Α  Κ  Μ  Ι  Β  Β  Ξ
Β  Ι  Ε  Ρ  Ν  Ή  Α  Ω  Δ  Ν  Β  Ω  Υ  Ο  Ο  Υ
Ε  Ί  Γ  Ε  Σ  Λ  Ί  Μ  Ν  Η  Ξ  Τ  Ζ  Ώ  Α  Ί
Ο  Λ  Έ  Π  Α  Κ  Λ  Ξ  Μ  Β  Τ  Ι  Ο  Ν  Ν  Ω
```

ΠΕΡΙΠΈΤΕΙΑ
ΒΟΥΝΌ
ΔΈΝΤΡΑ
ΔΑΣΟΣ
ΦΩΤΙΆ
ΚΑΜΠΊΝΑ
ΖΏΑ
ΑΙΏΡΑ
ΚΑΠΈΛΟ
ΈΝΤΟΜΟ

ΚΥΝΉΓΙ
ΧΆΡΤΗ
ΚΑΝΌ
ΠΥΞΊΔΑ
ΦΑΝΆΡΙ
ΦΕΓΓΆΡΙ
ΛΊΜΝΗ
ΦΎΣΗ
ΣΚΗΝΉ
ΣΧΟΙΝΊ

14 - Algebra

```
Μ  Ε  Η  Α  Ρ  Τ  Ή  Μ  Α  Π  Λ  Ο  Π  Ο  Ι  Ώ
Ε  Ξ  Έ  Δ  Φ  Δ  Ι  Ά  Γ  Ρ  Α  Μ  Μ  Α  Έ  Α
Τ  Ί  Ρ  Π  Υ  Α  Ξ  Ε  Ρ  Ο  Μ  Ε  Ω  Σ  Τ  Σ
Α  Σ  Α  Α  Ν  Σ  Ί  Ξ  Ρ  Ο  Ι  Κ  Ι  Τ  Ρ  Π
Β  Ω  Χ  Ρ  Ν  Γ  Τ  Ρ  Χ  Ρ  Η  Θ  Χ  Υ  Ί  Ρ
Λ  Σ  Έ  Ά  Ή  Μ  Ε  Ψ  Ε  Μ  Α  Έ  Ά  Έ  Π  Μ
Η  Η  Σ  Γ  Ί  Κ  Λ  Ν  Η  Σ  Μ  Τ  Θ  Μ  Σ  Ψ
Τ  Α  Ο  Ο  Ε  Ί  Ι  Ο  Δ  Χ  Η  Η  Ρ  Α  Γ  Δ
Ή  Λ  Ξ  Ν  Έ  Δ  Η  Μ  Α  Ι  Λ  Ψ  Ο  Ε  Δ  Π
Γ  Ρ  Β  Τ  Έ  Τ  Γ  Ο  Μ  Π  Β  Ι  Ι  Ι  Ι  Γ
Ξ  Λ  Ξ  Α  Χ  Ύ  Ψ  Ρ  Σ  Α  Ό  Ω  Σ  Η  Α  Έ
Ε  Ι  Α  Σ  Δ  Π  Ι  Ι  Ά  Ω  Ρ  Ν  Μ  Υ  Ί  Ί
Λ  Ύ  Σ  Η  Π  Ο  Ι  Ε  Λ  Φ  Π  Γ  Α  Ι  Ρ  Ω
Α  Τ  Η  Τ  Ό  Σ  Ο  Π  Κ  Ν  Η  Ρ  Π  Τ  Ε  Ε
Ω  Σ  Ψ  Μ  Μ  Υ  Ι  Ά  Ρ  Υ  Ψ  Μ  Α  Ω  Σ  Π
Ε  Υ  Δ  Ν  Ω  Η  Σ  Ε  Θ  Ν  Έ  Ρ  Α  Π  Η  Χ
```

ΑΦΑΊΡΕΣΗ
ΔΙΆΓΡΑΜΜΑ
ΔΙΑΊΡΕΣΗ
ΕΚΘΈΤΗ
ΠΑΡΆΓΟΝΤΑΣ
ΤΎΠΟΣ
ΚΛΆΣΜΑ
ΓΡΆΦΗΜΑ
ΠΑΡΈΝΘΕΣΗ
ΠΟΣΌΤΗΤΑ

ΓΡΑΜΜΙΚΉ
ΜΉΤΡΑ
ΜΗΔΈΝ
ΆΠΕΙΡΟ
ΛΎΣΗ
ΠΡΌΒΛΗΜΑ
ΆΘΡΟΙΣΜΑ
ΜΕΤΑΒΛΗΤΉ
ΑΠΛΟΠΟΙΏ
ΕΞΊΣΩΣΗ

15 - Activiteiten

```
Κ  Η  Π  Ο  Υ  Ρ  Ι  Κ  Ή  Σ  Α  Ι  Π  Έ  Ω  Κ
Α  Ί  Ξ  Χ  Έ  Ρ  Η  Η  Χ  Έ  Τ  Λ  Ι  Ι  Ρ  Ε
Ε  Υ  Χ  Α  Ρ  Ί  Σ  Τ  Η  Σ  Η  Ε  Ί  Μ  Π  Ρ
Β  Ί  Μ  Μ  Χ  Δ  Ω  Ψ  Σ  Σ  Τ  Ν  Ι  Β  Α  Α
Δ  Ι  Π  Α  Ζ  Λ  Ν  Ά  Ω  Κ  Ό  Λ  Χ  Ο  Τ  Μ
Τ  Ψ  Ο  Γ  Ρ  Ν  Γ  Ρ  Υ  Ι  Η  Π  Έ  Η  Ι
Φ  Ρ  Λ  Τ  Ψ  Τ  Ά  Ε  Ά  Ν  Ξ  Μ  Β  Μ  Τ  Κ
Ρ  Ω  Γ  Υ  Ε  Ο  Ν  Μ  Λ  Ή  Ε  Ρ  Ν  Σ  Ό  Ή
Ά  Έ  Τ  Α  Ψ  Χ  Α  Α  Α  Γ  Δ  Ο  Ρ  Ε  Ι  Χ
Ψ  Μ  Α  Ο  Β  Ο  Ν  Α  Χ  Ι  Ι  Έ  Σ  Χ  Ρ  Υ
Ι  Ν  Α  Ν  Γ  Τ  Έ  Ί  Έ  Σ  Π  Ο  Γ  Ο  Η  Ψ
Μ  Γ  Ω  Υ  Ι  Ρ  Β  Π  Α  Ί  Ε  Γ  Α  Μ  Τ  Α
Ο  Ί  Γ  Β  Ψ  Ψ  Α  Α  Ω  Έ  Δ  Ξ  Λ  Ι  Σ  Ν
Ε  Ι  Χ  Π  Ή  Κ  Ι  Φ  Α  Ρ  Γ  Ω  Ζ  Σ  Α  Α
Λ  Λ  Μ  Μ  Π  Α  Ι  Δ  Ί  Ν  Χ  Ι  Α  Ρ  Ρ  Τ
Κ  Ά  Μ  Π  Ι  Ν  Γ  Κ  Ο  Α  Ω  Τ  Χ  Α  Δ  Α
```

ΔΡΑΣΤΗΡΙΌΤΗΤΑ
ΒΙΟΤΕΧΝΊΑ
ΦΩΤΟΓΡΑΦΊΑ
ΠΑΙΧΝΊΔΙΑ
ΨΆΡΕΜΑ
ΚΥΝΉΓΙ
ΚΆΜΠΙΝΓΚ
ΚΕΡΑΜΙΚΉ
ΤΈΧΝΗ
ΑΝΆΓΝΩΣΗ

ΜΑΓΕΊΑ
ΡΆΨΙΜΟ
ΧΑΛΆΡΩΣΗ
ΕΥΧΑΡΊΣΤΗΣΗ
ΠΑΖΛ
ΖΩΓΡΑΦΙΚΉ
ΚΗΠΟΥΡΙΚΉ
ΕΠΙΔΕΞΙΌΤΗΤΑ
ΑΝΑΨΥΧΉ

16 - Vormen

```
Σ  Π  Ω  Η  Ε  Υ  Ψ  Ξ  Σ  Ω  Σ  Ξ  Ε  Τ  Ί  Μ
Σ  Υ  Υ  Ω  Ρ  Δ  Ί  Σ  Ρ  Π  Γ  Ο  Ρ  Τ  Χ  Λ
Μ  Β  Ε  Ρ  Τ  Ε  Ί  Α  Σ  Ο  Λ  Κ  Ύ  Κ  Ψ  Δ
Π  Ί  Β  Χ  Α  Ο  Ρ  Θ  Ο  Γ  Ώ  Ν  Ι  Ο  Κ  Μ
Λ  Η  Λ  Ύ  Π  Μ  Α  Κ  Β  Ι  Χ  Ω  Τ  Ξ  Ώ  Ί
Ε  Ψ  Ν  Μ  Τ  Ί  Ί  Ι  Ύ  Ε  Ε  Δ  Λ  Ό  Ν  Έ
Υ  Ι  Δ  Τ  Γ  Χ  Δ  Κ  Ί  Γ  Α  Υ  Τ  Ο  Μ
Ρ  Ε  Δ  Δ  Ω  Α  Ρ  Ί  Α  Φ  Σ  Σ  Χ  Ά  Σ  Π
Ά  Λ  Ρ  Ρ  Ν  Τ  Ω  Α  Μ  Γ  Δ  Έ  Ψ  Κ  Ο  Ρ
Ί  Λ  Α  Ε  Ί  Π  Ρ  Μ  Μ  Υ  Μ  Ί  Χ  Ρ  Ρ  Ί
Ι  Έ  Ί  Ω  Α  Χ  Ε  Ι  Υ  Μ  Η  Ί  Έ  Η  Δ  Σ
Υ  Π  Ε  Ρ  Β  Ο  Λ  Ή  Γ  Δ  Ή  Έ  Τ  Τ  Ν  Μ
Ε  Ι  Τ  Ξ  Τ  Β  Ψ  Ι  Α  Ώ  Ψ  Ω  Ρ  Ε  Ι  Α
Τ  Α  Α  Σ  Ε  Υ  Μ  Ξ  Σ  Ν  Ν  Σ  Ρ  Δ  Λ  Μ
Χ  Έ  Λ  Π  Ο  Λ  Ύ  Γ  Ω  Ν  Ο  Ο  Υ  Π  Ύ  Α
Ι  Χ  Π  Έ  Ο  Η  Π  Β  Σ  Υ  Δ  Δ  Υ  Β  Κ  Ξ
```

ΣΦΑΊΡΑ   ΚΎΒΟΣ
ΤΌΞΟ   ΓΡΑΜΜΉ
ΚΎΛΙΝΔΡΟΣ   ΈΛΛΕΙΨΗ
ΚΎΚΛΟΣ   ΠΥΡΑΜΊΔΑ
ΚΑΜΠΎΛΗ   ΠΡΊΣΜΑ
ΤΡΙΓΏΝΟΥ   ΆΚΡΗ
ΓΩΝΊΑ   ΟΡΘΟΓΏΝΙΟ
ΥΠΕΡΒΟΛΉ   ΠΟΛΎΓΩΝΟ
ΠΛΕΥΡΆ   ΠΛΑΤΕΊΑ
ΚΏΝΟΣ

17 - Diplomatie

```
Δ  Ρ  Ε  Α  Μ  Ρ  Λ  Έ  Ε  Ψ  Υ  Υ  Ν  Σ  Υ  Ο
Δ  Ι  Ε  Ε  Μ  Λ  Σ  Ο  Λ  Υ  Ο  Β  Μ  Ύ  Σ  Α
Ρ  Ι  Π  Ι  Ω  Ύ  Π  Ρ  Έ  Σ  Β  Η  Σ  Γ  Η  Κ
Ν  Π  Κ  Λ  Ο  Σ  Ι  Ί  Ο  Α  Β  Α  Ν  Κ  Ρ  Ε
Μ  Ο  Ψ  Α  Ω  Η  Ω  Η  Δ  Γ  Ί  Ω  Χ  Ρ  Α  Ρ
Ι  Λ  Ν  Ί  Ι  Μ  Α  Τ  Η  Τ  Ό  Ν  Ι  Ο  Κ  Α
Μ  Ι  Έ  Ε  Υ  Ο  Α  Α  Σ  Σ  Ώ  Λ  Γ  Υ  Γ  Ι
Α  Τ  Α  Β  Ε  Ν  Σ  Τ  Ε  Ω  Η  Ι  Δ  Σ  Έ  Ό
Σ  Ι  Ν  Σ  Ξ  Έ  Α  Ύ  Ι  Ο  Ξ  Τ  Έ  Η  Ο  Τ
Φ  Κ  Ά  Ε  Γ  Ξ  Ψ  Ι  Ν  Κ  Ν  Μ  Ή  Ί  Ν  Η
Ά  Ή  Λ  Ρ  Η  Θ  Ι  Κ  Ή  Η  Ό  Ί  Έ  Ζ  Μ  Τ
Λ  Ε  Υ  Π  Σ  Υ  Ν  Ε  Ρ  Γ  Α  Σ  Ί  Α  Υ  Α
Ε  Ρ  Σ  Α  Ν  Θ  Ρ  Ω  Π  Ι  Σ  Τ  Ι  Κ  Ή  Σ
Ι  Χ  Η  Α  Ο  Λ  Ξ  Δ  Ι  Γ  Ξ  Α  Ο  Δ  Σ  Α
Α  Ρ  Ε  Έ  Κ  Υ  Β  Έ  Ρ  Ν  Η  Σ  Η  Έ  Ο  Α
Χ  Ρ  Σ  Υ  Ν  Θ  Ή  Κ  Η  Γ  Ξ  Έ  Λ  Ρ  Ο  Π
```

ΣΎΜΒΟΥΛΟΣ	ΑΝΘΡΩΠΙΣΤΙΚΉ
ΠΡΕΣΒΕΊΑ	ΑΚΕΡΑΪΌΤΗΤΑ
ΠΡΈΣΒΗΣ	ΛΎΣΗ
ΞΈΝΟ	ΠΟΛΙΤΙΚΉ
ΣΎΓΚΡΟΥΣΗ	ΚΥΒΈΡΝΗΣΗ
ΔΙΠΛΩΜΑΤΙΚΌ	ΑΝΆΛΥΣΗ
ΣΥΖΉΤΗΣΗ	ΣΥΝΕΡΓΑΣΊΑ
ΗΘΙΚΉ	ΓΛΏΣΣΑ
ΚΟΙΝΌΤΗΤΑ	ΑΣΦΆΛΕΙΑ
ΔΙΚΑΙΟΣΎΝΗ	ΣΥΝΘΉΚΗ

18 - Astronomie

```
Α Σ Τ Ρ Ο Ν Α Ύ Τ Η Σ Η Μ Α Ο Π
Β Ρ Λ Β Α Σ Ο Μ Ό Ν Ο Ρ Τ Σ Α Λ
Δ Ο Ρ Υ Φ Ο Ρ Ι Κ Ή Σ Υ Έ Τ Ί Α
Λ Ξ Η Ψ Δ Ε Τ Α Μ Ω Λ Έ Φ Ε Ν Ν
Ρ Ο Υ Κ Έ Τ Α Σ Ξ Γ Σ Έ Σ Ρ Ξ Ή
Σ Η Τ Ή Μ Ο Κ Σ Ξ Λ Ύ Π Έ Ι Ε Τ
Έ Ή Ι Σ Η Μ Ε Ρ Ί Α Μ Σ Ε Σ Ε Η
Π Β Δ Μ Γ Μ Δ Χ Χ Α Π Ο Ψ Μ Α Σ
Ζ Ώ Δ Ι Ο Δ Η Υ Χ Μ Α Ο Π Ό Τ Μ
Ω Δ Ν Ψ Ε Γ Ν Χ Ξ Ν Χ Ί Μ Η Ε
Η Δ Ε Π Ν Ο Ι Π Ό Κ Σ Ε Λ Η Τ Τ
Ο Ι Ρ Ή Τ Η Ρ Η Τ Α Ρ Α Π Έ Ύ Έ
Τ Χ Ι Ρ Ά Γ Γ Ε Φ Σ Σ Γ Ι Π Ρ Ω
Α Ί Λ Ο Β Ο Ν Ι Τ Κ Α Τ Π Λ Α Ρ
Ξ Α Η Δ Τ Σ Έ Σ Ρ Σ Ψ Λ Α Ί Β Ο
Ν Ρ Δ Ω Υ Π Ψ Γ Έ Π Α Σ Τ Έ Ρ Ι
```

ΓΗ   ΠΑΡΑΤΗΡΗΤΉΡΙΟ
ΑΣΤΕΡΟΕΙΔΉΣ   ΠΛΑΝΉΤΗΣ
ΑΣΤΡΟΝΑΎΤΗΣ   ΡΟΥΚΈΤΑ
ΑΣΤΡΟΝΌΜΟΣ   ΔΟΡΥΦΟΡΙΚΉ
ΖΏΔΙΟ   ΑΣΤΈΡΙ
ΙΣΗΜΕΡΊΑ   ΑΣΤΕΡΙΣΜΌ
ΚΟΜΉΤΗΣ   ΑΚΤΙΝΟΒΟΛΊΑ
ΦΕΓΓΆΡΙ   ΤΗΛΕΣΚΌΠΙΟ
ΜΕΤΈΩΡΟ   ΣΎΜΠΑΝ
ΝΕΦΈΛΩΜΑ   ΒΑΡΎΤΗΤΑ

19 - Emoties

```
Χ Γ Β Π Α Σ Η Ί Ο Π Ο Ν Α Κ Ι Ε
Ξ Α Γ Ι Λ Ν Σ Λ Έ Γ Α Γ Ά Π Η Υ
Ν Ί Λ Ν Ξ Ή Α Υ Λ Ο Δ Σ Υ Β Χ Γ
Π Ν Σ Α Γ Ν Ξ Κ Ε Ξ Έ Χ Α Σ Λ Ν
Χ Ο Δ Α Ρ Γ Έ Η Ο Έ Δ Σ Σ Ψ Ν Ώ
Λ Μ Ρ Β Λ Ή Σ Ν Λ Ύ Ο Ξ Ε Έ Χ Μ
Ω Ι Ί Μ Ρ Γ Ξ Ή Μ Μ Φ Τ Ί Μ Β Ω
Υ Α Λ Ί Ν Ψ Σ Ρ Α Ο Ν Ι Λ Ξ Η Ν
Ν Δ Έ Ο Ψ Ξ Ρ Ι Τ Ο Δ Δ Σ Ρ Ν Α
Ψ Υ Π Ρ Υ Έ Β Ε Ί Β Γ Θ Ο Η Υ Ω
Ν Ε Γ Σ Υ Μ Π Ό Ν Ι Α Υ Β Ξ Έ Υ
Κ Α Λ Ο Σ Ύ Ν Η Ν Τ Τ Μ Ό Η Ρ Ψ
Τ Ρ Υ Φ Ε Ρ Ό Τ Η Τ Α Ό Φ Λ Ρ Χ
Ο Μ Β Π Η Ρ Ε Μ Ί Α Σ Σ Ε Π Ί Ε
Υ Έ Ι Ι Χ Α Ρ Ά Θ Λ Ί Ψ Η Κ Δ Ψ
Π Ε Ρ Ι Ε Χ Ό Μ Ε Ν Ο Ρ Έ Έ Ο Μ
```

ΦΌΒΟΣ	ΣΥΜΠΌΝΙΑ
ΕΥΓΝΏΜΩΝ	ΤΡΥΦΕΡΌΤΗΤΑ
ΘΛΊΨΗ	ΙΚΑΝΟΠΟΊΗΣΑ
ΕΥΔΑΙΜΟΝΊΑ	ΈΚΠΛΗΞΗ
ΠΕΡΙΕΧΌΜΕΝΟ	ΠΛΉΞΗ
ΑΓΆΠΗ	ΕΙΡΉΝΗ
ΧΑΛΑΡΉ	ΧΑΡΆ
ΑΝΑΚΟΎΦΙΣΗ	ΚΑΛΟΣΎΝΗ
ΗΡΕΜΊΑ	ΘΥΜΌΣ

20 - Vakantie #2

```
Σ  Θ  Υ  Ε  Κ  Ω  Ε  Α  Ρ  Ο  Α  Λ  Α  Π  Ρ  Ξ
Σ  Ά  Π  Σ  Ξ  Ά  Ξ  Ο  Ο  Μ  Λ  Α  Ν  Ρ  Λ  Α
Β  Λ  Ξ  Τ  Α  Έ  Μ  Β  Ο  Υ  Ν  Ά  Α  Ο  Λ  Ω
Π  Α  Τ  Ι  Λ  Σ  Ν  Π  Γ  Τ  Α  Ι  Ψ  Ο  Γ  Λ
Σ  Σ  Ρ  Α  Μ  Ο  Δ  Ο  Ι  Ξ  Ρ  Η  Υ  Ρ  Α  Δ
Α  Σ  Η  Τ  Ρ  Ά  Χ  Γ  Τ  Ν  Σ  Ψ  Χ  Ι  Ι  Ι
Γ  Α  Ω  Ό  Τ  Α  Ξ  Ί  Ο  Β  Γ  Ο  Ή  Σ  Λ  Α
Τ  Λ  Ά  Ρ  Ο  Φ  Α  Τ  Ε  Μ  Ο  Κ  Α  Μ  Π  Β
Χ  Ρ  Ν  Ι  Η  Ψ  Β  Ί  Δ  Α  Γ  Ί  Γ  Ό  Α  Α
Ι  Β  Έ  Ο  Ι  Μ  Ό  Ρ  Δ  Ο  Ρ  Ε  Α  Σ  Ρ  Τ
Ε  Λ  Τ  Ν  Γ  Χ  Δ  Υ  Ε  Τ  Δ  Α  Λ  Δ  Α  Ή
Η  Ε  Ί  Λ  Ο  Ί  Ε  Χ  Ο  Δ  Ο  Ν  Ε  Ξ  Λ  Ρ
Δ  Η  Ν  Τ  Ξ  Ο  Χ  Μ  Χ  Ρ  Μ  Ψ  Ν  Ί  Ι
Ι  Ω  Λ  Σ  Κ  Η  Ν  Ή  Τ  Α  Ξ  Ί  Δ  Ι  Α  Ο
Β  Ί  Ζ  Α  Γ  Ψ  Π  Α  Τ  Έ  Έ  Β  Ν  Π  Α  Έ
Ν  Η  Σ  Ί  Β  Γ  Ε  Ν  Β  Ί  Τ  Έ  Μ  Β  Ι  Β
```

ΒΟΥΝΆ	ΕΣΤΙΑΤΌΡΙΟ
ΠΡΟΟΡΙΣΜΌΣ	ΠΑΡΑΛΊΑ
ΞΈΝΟ	ΤΑΞΊ
ΝΗΣΊ	ΣΚΗΝΉ
ΞΕΝΟΔΟΧΕΊΟ	ΤΡΈΝΟ
ΧΆΡΤΗ	ΜΕΤΑΦΟΡΆ
ΚΆΜΠΙΝΓΚ	ΒΊΖΑ
ΑΕΡΟΔΡΌΜΙΟ	ΑΝΑΨΥΧΉ
ΔΙΑΒΑΤΉΡΙΟ	ΘΆΛΑΣΣΑ
ΤΑΞΊΔΙ	

21 - Weersomstandigheden

Κ	Ί	Π	Τ	Ρ	Ο	Π	Ι	Κ	Ή	Υ	Ο	Μ	Τ	Ξ	Π
Σ	Α	Ή	Λ	Η	Ν	Ε	Μ	Έ	Π	Ξ	Υ	Ο	Ι	Ε	Γ
Α	Έ	Τ	Χ	Η	Μ	Ξ	Χ	Α	Α	Ο	Ρ	Υ	Σ	Ν	Η
Ν	Ξ	Ν	Α	Μ	Μ	Δ	Ί	Ί	Ρ	Γ	Α	Σ	Δ	Ο	Ξ
Α	Ε	Ο	Ο	Ι	Ξ	Μ	Ψ	Υ	Τ	Δ	Ν	Ώ	Σ	Ψ	Τ
Κ	Μ	Ρ	Ω	Υ	Γ	Γ	Ύ	Ρ	Σ	Ι	Ό	Ν	Έ	Μ	Ρ
Ι	Ο	Β	Μ	Λ	Ο	Ί	Ε	Ρ	Α	Π	Σ	Α	Μ	Ω	Δ
Ρ	Δ	Τ	Ψ	Έ	Έ	Υ	Δ	Ι	Α	Ά	Π	Σ	Δ	Λ	Ξ
Υ	Ξ	Η	Ρ	Α	Σ	Ί	Α	Α	Ξ	Γ	Β	Ξ	Ε	Π	Π
Ο	Υ	Γ	Ν	Α	Ί	Σ	Α	Ρ	Κ	Ο	Μ	Ρ	Ε	Θ	Π
Ι	Μ	Κ	Λ	Ί	Μ	Α	Ν	Ι	Ψ	Σ	Έ	Π	Ν	Ν	Ο
Χ	Η	Ί	Ρ	Ξ	Ρ	Ό	Σ	Ύ	Ν	Ν	Ε	Φ	Ο	Β	Λ
Ψ	Υ	Δ	Χ	Ο	Υ	Ρ	Ά	Ν	Ι	Ο	Τ	Ό	Ξ	Ο	Ι
Ξ	Δ	Π	Γ	Λ	Σ	Γ	Ε	Α	Ρ	Π	Ξ	Ρ	Ν	Ε	Κ
Χ	Υ	Γ	Η	Ί	Η	Υ	Λ	Β	Β	Ψ	Ν	Η	Λ	Ν	Ή
Ν	Π	Δ	Ι	Ά	Ν	Ε	Μ	Ο	Σ	Ρ	Έ	Ξ	Μ	Σ	Ψ

ΑΣΤΡΑΠΉ
ΒΡΟΝΤΉ
ΞΗΡΌ
ΞΗΡΑΣΊΑ
ΟΥΡΑΝΌΣ
ΠΆΓΟΣ
ΚΛΊΜΑ
ΟΜΊΧΛΗ
ΜΟΥΣΏΝΑΣ
ΧΙΟΥΡΙΚΑΝΑΣ

ΠΛΗΜΜΎΡΑ
ΠΟΛΙΚΉ
ΟΥΡΆΝΙΟ ΤΌΞΟ
ΚΑΤΑΙΓΊΔΑ
ΘΕΡΜΟΚΡΑΣΊΑ
ΤΡΟΠΙΚΉ
ΥΓΡΌ
ΆΝΕΜΟΣ
ΣΎΝΝΕΦΟ

22 - Strand

```
Α Θ Ά Λ Α Σ Σ Α Σ Ω Ο Α Ν Ν Ί Τ
Κ Π Π Έ Γ Ο Ξ Β Α Π Μ Η Ψ Χ Ξ Ι
Ρ Ω Ο Ι Χ Ι Λ Ο Ν Ε Π Α Ω Ί Η Σ
Ά Β Ι Β Σ Λ Δ Ο Τ Ρ Ρ Κ Ν Λ Τ
Β Ψ Ί Λ Ά Ή Ν Ξ Ά Σ Έ Έ Ν Τ Ι Ι
Β Ί Σ Σ Σ Θ Ω Ψ Λ Έ Λ Ξ Ο Δ Ή Ο
Ο Α Π Μ Ε Ν Ρ Γ Ι Τ Α Π Ε Ι Γ Φ
Κ Ι Έ Έ Σ Ε Β Α Α Α Σ Ψ Π Α Β Ό
Τ Α Σ Σ Α Λ Ά Θ Ο Ν Μ Ι Λ Κ Έ Ρ
Π Ι Β Ί Ι Ι Π Γ Χ Ί Ξ Ί Ν Υ Ο Ψ Ο
Γ Ω Ί Ο Λ Μ Δ Χ Η Ξ Ν Ι Ι Π Π Ω
Χ Ο Ν Ν Ύ Σ Δ Ν Υ Ν Π Β Ψ Έ Τ Έ
Ά Μ Μ Ο Χ Ρ Χ Λ Λ Η Ψ Ε Χ Σ Ρ Χ
Β Μ Λ Ν Ο Ε Ι Ε Γ Σ Ό Ν Α Ε Κ Ω
Γ Α Λ Β Κ Δ Ι Ρ Έ Ί Τ Ι Υ Ί Δ Δ
Μ Ξ Τ Γ Σ Ω Π Ρ Ί Ψ Ο Μ Μ Α Η Β
```

ΜΠΛΕ	ΟΜΠΡΈΛΑ
ΒΆΡΚΑ	ΞΈΡΑ
ΑΠΟΒΆΘΡΑ	ΣΑΝΔΆΛΙΑ
ΝΗΣΊ	ΚΟΧΎΛΙΑ
ΠΕΤΣΈΤΑ	ΔΙΑΚΟΠΈΣ
ΚΑΒΟΎΡΙ	ΆΜΜΟ
ΑΚΤΉ	ΘΆΛΑΣΣΑ
ΛΙΜΝΟΘΆΛΑΣΣΑ	ΙΣΤΙΟΦΌΡΟ
ΩΚΕΑΝΌΣ	ΉΛΙΟΣ

23 - Eten #2

```
Ν Σ Ψ Π Ν Ι Κ Ο Τ Ό Π Ο Υ Λ Ο Ι
Υ Χ Λ Ω Δ Γ Ι Α Ο Ύ Ρ Τ Ι Λ Λ Σ
Υ Ξ Ψ Π Μ Ι Ρ Ο Ξ Β Τ Δ Ο Υ Ρ Έ
Ψ Ν Ο Ι Δ Ί Ν Ι Τ Κ Α Α Ρ Α Η Ν
Υ Ν Λ Ρ Ε Γ Ψ Ν Β Δ Σ Λ Ε Έ Ψ Τ
Ι Ξ Α Ά Ν Α Ν Α Έ Έ Χ Ί Ι Α Σ Ο
Μ Γ Δ Ψ Λ Ξ Μ Υ Ο Λ Ο Κ Ό Ρ Π Μ
Ε Σ Γ Ε Τ Τ Ξ Ξ Γ Λ Ο Έ Υ Γ Ξ Ά
Λ Τ Ύ Ά Υ Ζ Α Μ Π Ό Ν Δ Ε Τ Υ Τ
Ι Α Μ Λ Ρ Β Χ Ρ Σ Λ Ι Ζ Ύ Ρ Μ Α
Τ Φ Α Π Ί Α Μ Γ Ι Υ Κ Δ Α Δ Ή Λ
Ζ Ύ Ψ Ν Υ Ω Π Ρ Τ Λ Ά Γ Σ Ί Λ Η
Ά Λ Τ Ο Α Χ Δ Σ Ά Ί Δ Ρ Υ Ξ Ο Ι
Ν Ι Χ Ψ Σ Χ Ρ Η Ρ Γ Ο Ο Λ Δ Γ Ρ
Α Ξ Δ Ψ Γ Ρ Υ Έ Ι Α Ρ Ρ Τ Ι Ν
Γ Ψ Ψ Μ Υ Μ Π Α Ν Ά Ν Α Ψ Η Τ Ί
```

ΑΜΎΓΔΑΛΟ	ΖΑΜΠΌΝ
ΑΝΑΝΆ	ΤΥΡΊ
ΜΉΛΟ	ΚΟΤΌΠΟΥΛΟ
ΣΠΑΡΆΓΓΙ	ΑΚΤΙΝΊΔΙΟ
ΜΕΛΙΤΖΆΝΑ	ΡΟΔΆΚΙΝΟ
ΜΠΑΝΆΝΑ	ΡΎΖΙ
ΜΠΡΌΚΟΛΟ	ΣΙΤΆΡΙ
ΨΩΜΊ	ΝΤΟΜΆΤΑ
ΣΤΑΦΎΛΙ	ΨΆΡΙ
ΑΥΓΌ	ΓΙΑΟΎΡΤΙ

24 - Geologie

```
Σ  Τ  Ρ  Ώ  Μ  Α  Τ  Η  Ρ  Σ  Δ  Τ  Ψ  Σ  Κ  Μ
Ι  Δ  Χ  Σ  Υ  Β  Ο  Η  Δ  Ε  Ι  Π  Ο  Η  Ρ  Υ
Χ  Ψ  Ι  Η  Υ  Ά  Ι  Ν  Υ  Ι  Ά  Σ  Ρ  Ε  Ύ  Ω
Α  Π  Ο  Ι  Ε  Λ  Δ  Ώ  Έ  Σ  Β  Η  Υ  Η  Σ  Έ
Ί  Π  Β  Γ  Σ  Ρ  Έ  Ζ  Π  Μ  Ρ  Ω  Κ  Φ  Τ  Ν
Ζ  Ξ  Ο  Χ  Η  Υ  Π  Ί  Τ  Ό  Ω  Ο  Τ  Α  Α  Ί
Α  Α  Ι  Λ  Τ  Γ  Ο  Τ  Γ  Σ  Σ  Ι  Ά  Ί  Λ  Ν
Λ  Γ  Α  Ν  Ί  Ε  Ρ  Ε  Α  Ο  Η  Ψ  Λ  Σ  Λ  Ν
Α  Ρ  Λ  Ε  Τ  Θ  Ο  Η  Π  Ρ  Ο  Ξ  Ύ  Τ  Α  Ε
Χ  Ρ  Ή  Ψ  Κ  Ψ  Ω  Έ  Β  Ι  Κ  Ι  Ω  Ε  Ω  Η
Π  Ί  Π  Α  Α  Ε  Β  Μ  Β  Ε  Ο  Τ  Γ  Ι  Ν  Γ
Τ  Α  Σ  Έ  Λ  Π  Δ  Έ  Α  Π  Ρ  Μ  Ρ  Ο  Π  Μ
Ω  Λ  Λ  Ί  Α  Ι  Έ  Η  Χ  Ή  Ά  Α  Λ  Ά  Τ  Ι
Ν  Λ  Λ  Ε  Τ  Σ  Τ  Τ  Ε  Σ  Λ  Α  Ψ  Π  Ω  Β
Σ  Τ  Β  Α  Σ  Ψ  Σ  Π  Ρ  Τ  Λ  Ί  Λ  Ε  Ε  Λ
Α  Σ  Β  Έ  Σ  Τ  Ι  Ο  Ο  Α  Ι  Δ  Π  Ε  Ω  Έ
```

ΣΕΙΣΜΌΣ	ΣΤΡΏΜΑ
ΑΣΒΈΣΤΙΟ	ΛΆΒΑ
ΉΠΕΙΡΟΣ	ΟΡΥΚΤΆ
ΔΙΆΒΡΩΣΗ	ΟΡΟΠΈΔΙΟ
ΑΠΟΛΊΘΩΜΑ	ΣΤΑΛΑΚΤΊΤΗΣ
ΛΙΩΜΈΝΟ	ΠΈΤΡΑ
ΣΠΉΛΑΙΟ	ΗΦΑΊΣΤΕΙΟ
ΚΟΡΆΛΛΙ	ΖΏΝΗ
ΚΡΎΣΤΑΛΛΑ	ΑΛΆΤΙ
ΧΑΛΑΖΊΑ	ΟΞΎ

25 - Specerijen

```
Κ  Σ  Κ  Ό  Ρ  Δ  Ο  Κ  Τ  Ζ  Ί  Ν  Τ  Ζ  Ε  Ρ
Έ  Α  Π  Α  Λ  Ά  Τ  Ι  Ο  Μ  Α  Ψ  Ν  Τ  Ξ  Π
Σ  Ω  Ν  Γ  Ψ  Γ  Ί  Χ  Ί  Υ  Ή  Γ  Π  Α  Μ  Ά
Δ  Π  Δ  Έ  Α  Τ  Ξ  Ι  Ι  Ρ  Έ  Π  Ι  Π  Π  Π
Ρ  Ω  Ψ  Ο  Λ  Ρ  Σ  Ω  Ξ  Α  Κ  Κ  Χ  Ξ  Ν  Ρ
Π  Μ  Α  Ρ  Δ  Α  Β  Η  Υ  Υ  Ι  Δ  Ο  Ε  Δ  Ι
Α  Χ  Ε  Γ  Μ  Η  Λ  Έ  Η  Ξ  Π  Λ  Τ  Ύ  Τ  Κ
Λ  Ί  Ι  Ί  Ψ  Β  Έ  Γ  Ί  Ξ  Χ  Ι  Ω  Ρ  Μ  Α
Γ  Ε  Ύ  Σ  Η  Χ  Ό  Κ  Υ  Λ  Γ  Ί  Μ  Γ  Δ  Η
Κ  Γ  Ψ  Γ  Π  Χ  Γ  Ά  Κ  Ρ  Ε  Μ  Μ  Ύ  Δ  Ι
Ο  Ά  Λ  Ψ  Ο  Δ  Υ  Ρ  Ά  Κ  Ο  Χ  Σ  Ο  Μ  Α
Σ  Γ  Ρ  Γ  Λ  Λ  Α  Δ  Κ  Ύ  Μ  Ι  Ν  Ο  Έ  Ξ
Α  Ρ  Γ  Υ  Ί  Β  Ν  Α  Ι  Λ  Ί  Ν  Α  Β  Ί  Έ
Τ  Π  Σ  Η  Σ  Λ  Ν  Μ  Λ  Ψ  Ν  Π  Ι  Χ  Η  Σ
Χ  Μ  Ά  Ρ  Α  Θ  Ο  Ο  Λ  Λ  Α  Φ  Ύ  Ρ  Α  Γ
Γ  Λ  Υ  Κ  Ά  Ν  Ι  Σ  Ο  Κ  Ρ  Ο  Κ  Ο  Σ  Ρ
```

ΓΛΥΚΆΝΙΣΟ	ΜΟΣΧΟΚΆΡΥΔΟ
ΠΙΚΡΉ	ΠΆΠΡΙΚΑ
ΤΖΊΝΤΖΕΡ	ΠΙΠΈΡΙ
ΚΑΝΈΛΑ	ΚΡΟΚΟΣ
ΚΆΡΔΑΜΟ	ΓΕΎΣΗ
ΚΆΡΥ	ΚΡΕΜΜΎΔΙ
ΣΚΌΡΔΟ	ΒΑΝΊΛΙΑ
ΚΎΜΙΝΟ	ΜΆΡΑΘΟ
ΓΑΡΎΦΑΛΛΟ	ΓΛΥΚΌ
ΚΟΥΡΚΟΎΜΗ	ΑΛΆΤΙ

26 - Groenten

```
Η  Τ  Α  Χ  Τ  Ί  Σ  Τ  Π  Γ  Ν  Σ  Ρ  Λ  Ι  Σ
Α  Γ  Κ  Ι  Ν  Ά  Ρ  Α  Ζ  Τ  Ο  Δ  Ω  Ρ  Β  Έ
Ω  Τ  Ε  Λ  Ι  Ά  Α  Θ  Υ  Ί  Ο  Γ  Ο  Υ  Μ  Λ
Ε  Έ  Ά  Ο  Ψ  Β  Γ  Ύ  Ν  Λ  Ν  Μ  Γ  Χ  Ί  Ι
Σ  Σ  Ρ  Λ  Π  Σ  Γ  Κ  Γ  Χ  Χ  Τ  Π  Ύ  Ψ  Ν
Κ  Η  Α  Ο  Α  Ε  Ο  Ο  Ψ  Ί  Ί  Ι  Ζ  Ξ  Λ  Ο
Α  Μ  Π  Κ  Τ  Σ  Ύ  Λ  Έ  Ε  Η  Α  Β  Ε  Ω  Ι
Λ  Έ  Α  Ό  Ά  Ι  Ρ  Ο  Δ  Ρ  Ό  Κ  Σ  Υ  Ρ  Ο
Ω  Λ  Ν  Ρ  Μ  Ν  Ι  Κ  Υ  Σ  Π  Α  Ν  Ά  Κ  Ι
Ν  Ι  Ά  Π  Ο  Έ  Κ  Ρ  Ε  Μ  Μ  Ύ  Δ  Ι  Ν  Λ
Ί  Τ  Κ  Μ  Τ  Μ  Α  Ν  Ι  Τ  Ά  Ρ  Ι  Α  Ί  Έ
Δ  Ζ  Ι  Γ  Ν  Μ  Α  Ϊ  Ν  Τ  Α  Ν  Ό  Σ  Α  Ζ
Α  Ά  Κ  Α  Ρ  Ό  Τ  Ο  Ε  Π  Ψ  Ξ  Δ  Ε  Μ  Ι
Ν  Ν  Τ  Η  Ε  Α  Λ  Α  Ο  Β  Έ  Ψ  Ξ  Χ  Τ  Π
Ρ  Α  Ψ  Λ  Β  Β  Ρ  Λ  Υ  Ξ  Ο  Ε  Δ  Χ  Σ  Μ
Μ  Β  Δ  Υ  Ω  Λ  Ί  Π  Ψ  Ψ  Ί  Ί  Ι  Σ  Ι  Ο
```

ΑΓΚΙΝΆΡΑ	ΚΟΛΟΚΎΘΑ
ΜΕΛΙΤΖΆΝΑ	ΓΟΓΓΎΛΙ
ΜΠΡΌΚΟΛΟ	ΡΑΠΑΝΆΚΙ
ΜΠΙΖΈΛΙ	ΣΑΛΆΤΑ
ΤΖΊΝΤΖΕΡ	ΣΈΛΙΝΟ
ΣΚΌΡΔΟ	ΕΣΚΑΛΩΝΊΔΑ
ΑΓΓΟΎΡΙ	ΣΠΑΝΆΚΙ
ΕΛΙΆ	ΝΤΟΜΆΤΑ
ΜΑΝΙΤΆΡΙ	ΚΡΕΜΜΎΔΙ
ΜΑΪΝΤΑΝΌΣ	ΚΑΡΌΤΟ

27 - Archeologie

```
Ω  Η  Α  Η  Β  Α  Α  Δ  Ά  Μ  Ο  Α  Ι  Δ  Α  Ε
Ι  Ψ  Μ  Ο  Β  Ν  Ξ  Σ  Ή  Τ  Η  Ν  Υ  Ε  Ρ  Ε
Δ  Μ  Ω  Ν  Ο  Τ  Ι  Ο  Υ  Έ  Λ  Ά  Τ  Σ  Ο  Ι
Η  Μ  Θ  Έ  Ξ  Ι  Ο  Ν  Ν  Χ  Ν  Λ  Μ  Ρ  Ν  Ι
Ε  Η  Ί  Μ  Ρ  Κ  Λ  Ο  Μ  Ε  Α  Υ  Ι  Έ  Β  Ψ
Ψ  Π  Λ  Σ  Δ  Ε  Ό  Γ  Ί  Τ  Ό  Σ  Ο  Β  Τ  Η
Ρ  Σ  Ο  Α  Δ  Ί  Γ  Ό  Χ  Ι  Υ  Η  Π  Β  Σ  Σ
Λ  Δ  Π  Χ  Ί  Μ  Η  Π  Β  Β  Ξ  Ε  Έ  Ί  Έ  Γ
Ω  Ε  Α  Ε  Ή  Ε  Σ  Α  Τ  Α  Μ  Σ  Ύ  Α  Ρ  Θ
Τ  Ι  Ί  Ξ  Τ  Ν  Η  Κ  Α  Θ  Η  Γ  Η  Τ  Ή  Σ
Υ  Λ  Δ  Ψ  Έ  Α  Π  Ο  Λ  Ι  Τ  Ι  Σ  Μ  Ό  Σ
Σ  Α  Ο  Ψ  Α  Ί  Σ  Ο  Μ  Υ  Σ  Τ  Ή  Ρ  Ι  Ο
Τ  Δ  Υ  Δ  Γ  Ν  Μ  Ν  Ή  Μ  Α  Χ  Υ  Μ  Α  Υ
Έ  Σ  Σ  Ρ  Τ  Σ  Ο  Τ  Σ  Ω  Ν  Γ  Ά  Π  Ξ  Ψ
Α  Ρ  Χ  Α  Ι  Ό  Τ  Η  Τ  Α  Ί  Ι  Έ  Έ  Έ  Έ
Π  Υ  Β  Π  Ρ  Ε  Ι  Ω  Ε  Υ  Ρ  Ή  Μ  Α  Τ  Α
```

ΑΝΆΛΥΣΗ	ΑΝΤΙΚΕΊΜΕΝΑ
ΠΟΛΙΤΙΣΜΌΣ	ΆΓΝΩΣΤΟΣ
ΕΥΡΉΜΑΤΑ	ΕΡΕΥΝΗΤΉΣ
ΟΣΤΆ	ΑΡΧΑΙΌΤΗΤΑ
ΑΞΙΟΛΌΓΗΣΗ	ΚΑΘΗΓΗΤΉΣ
ΑΠΟΛΊΘΩΜΑ	ΛΕΊΨΑΝΟ
ΘΡΑΎΣΜΑΤΑ	ΟΜΆΔΑ
ΜΝΉΜΑ	ΝΑΌ
ΜΥΣΤΉΡΙΟ	ΕΠΟΧΉ
ΑΠΌΓΟΝΟΣ	ΞΕΧΑΣΜΈΝΟ

28 - Dans

```
Ε  Κ  Φ  Ρ  Α  Σ  Τ  Ι  Κ  Ή  Σ  Γ  Υ  Π  Έ  Α
Ο  Σ  Χ  Λ  Τ  Ξ  Ν  Π  Ί  Μ  Δ  Ι  Ή  Δ  Λ  Μ
Π  Ψ  Τ  Α  Ε  Π  Α  Ί  Μ  Η  Δ  Α  Κ  Α  Π  Η
Τ  Χ  Ε  Ά  Π  Ή  Κ  Ι  Τ  Σ  Ι  Τ  Ι  Λ  Ο  Π
Ι  Ο  Δ  Π  Σ  Λ  Β  Η  Β  Ή  Κ  Ι  Σ  Α  Λ  Κ
Κ  Α  Η  Σ  Ρ  Η  Ρ  Υ  Θ  Μ  Ο  Ύ  Υ  Ν  Λ  Π
Ή  Σ  Μ  Ρ  Σ  Ό  Μ  Σ  Ι  Τ  Ι  Λ  Ο  Π  Δ  Ψ
Ψ  Ε  Η  Ξ  Μ  Β  Β  Ρ  Η  Ξ  Ι  Ί  Μ  Χ  Α  Π
Α  Τ  Ο  Η  Η  Ή  Κ  Α  Ι  Σ  Ο  Δ  Α  Ρ  Α  Π
Χ  Ο  Ρ  Ο  Γ  Ρ  Α  Φ  Ί  Α  Η  Ν  Χ  Έ  Τ  Σ
Χ  Α  Ρ  Ο  Ύ  Μ  Ε  Ν  Ο  Ρ  Έ  Ν  Α  Α  Η  Ψ
Π  Α  Ρ  Τ  Ε  Ν  Έ  Ρ  Σ  Ώ  Μ  Α  Ί  Α  Ο  Ω
Ω  Ο  Ψ  Γ  Μ  Χ  Χ  Γ  Α  Η  Γ  Ι  Ν  Κ  Υ  Χ
Ω  Έ  Ν  Σ  Υ  Ι  Ά  Ί  Υ  Λ  Α  Λ  Ω  Λ  Χ  Π
Δ  Σ  Η  Ω  Ρ  Ω  Ρ  Χ  Ω  Τ  Ψ  Ψ  Ο  Ρ  Π  Ψ
Ω  Ί  Η  Τ  Α  Η  Η  Σ  Η  Ν  Ί  Κ  Γ  Υ  Σ  Υ
```

ΑΚΑΔΗΜΊΑ	ΚΛΑΣΙΚΉ
ΚΊΝΗΣΗ	ΤΈΧΝΗ
ΧΑΡΟΎΜΕΝΟ	ΣΏΜΑ
ΧΟΡΟΓΡΑΦΊΑ	ΜΟΥΣΙΚΉ
ΠΟΛΙΤΙΣΤΙΚΉ	ΠΑΡΤΕΝΈΡ
ΠΟΛΙΤΙΣΜΌΣ	ΠΡΌΒΑ
ΣΥΓΚΊΝΗΣΗ	ΡΥΘΜΟΎ
ΕΚΦΡΑΣΤΙΚΉ	ΠΑΡΑΔΟΣΙΑΚΉ
ΧΆΡΗ	ΟΠΤΙΚΉ
ΣΤΆΣΗ	

29 - Ziekte

```
Θ  Ξ  Ψ  Υ  Β  Ω  Λ  Ί  Π  Α  Θ  Ο  Γ  Ό  Ν  Α
Ο  Ε  Υ  Γ  Ε  Ί  Α  Ί  Γ  Ρ  Ε  Λ  Λ  Α  Π  Ξ
Ί  Σ  Ρ  Ι  Υ  Χ  Λ  Τ  Ν  Μ  Τ  Ο  Τ  Δ  Α  Ι
Α  Ρ  Φ  Α  Υ  Ί  Δ  Ά  Τ  Σ  Ο  Δ  Α  Ψ  Ν  Ί
Χ  Υ  Β  Υ  Π  Η  Μ  Ι  Ε  Ω  Ρ  Ρ  Α  Ν  Α  Υ
Ι  Ρ  Δ  Ν  Ϊ  Ε  Ψ  Δ  Ι  Χ  Ω  Έ  Ψ  Γ  Π  Ξ
Υ  Ε  Ό  Ο  Ο  Κ  Ί  Ρ  Γ  Ψ  Ψ  Ι  Λ  Ή  Ν  Μ
Χ  Ι  Σ  Ν  Δ  Ε  Ή  Α  Ε  Α  Η  Ν  Ο  Κ  Ε  Ε
Ε  Ί  Ν  Η  Ι  Σ  Γ  Κ  Ν  Ί  Σ  Ώ  Μ  Α  Υ  Τ
Υ  Τ  Δ  Ή  Ν  Ο  Μ  Γ  Ε  Λ  Φ  Ρ  Ο  Ι  Σ  Α
Ο  Δ  Π  Π  Ρ  Η  Σ  Ω  Τ  Υ  Τ  Έ  Ρ  Λ  Τ  Δ
Υ  Ί  Ψ  Λ  Η  Ι  Ψ  Η  Ι  Σ  Ψ  Γ  Δ  Ι  Ι  Ο
Α  Δ  Ξ  Ε  Έ  Α  Ι  Π  Κ  Α  Γ  Μ  Ν  Ο  Κ  Τ
Γ  Ω  Μ  Ο  Ε  Α  Ψ  Ξ  Ή  Γ  Ο  Δ  Ύ  Κ  Ή  Ι
Κ  Λ  Η  Ρ  Ο  Ν  Ο  Μ  Ι  Κ  Ή  Σ  Σ  Υ  Χ  Κ
Ν  Ε  Υ  Ρ  Ο  Π  Ά  Θ  Ε  Ι  Α  Ν  Ψ  Υ  Υ  Ό
```

ΑΝΑΠΝΕΥΣΤΙΚΉ	ΚΑΡΔΙΆ
ΑΛΛΕΡΓΊΑ	ΑΣΥΛΊΑ
ΜΕΤΑΔΟΤΙΚΌ	ΟΣΦΥΪΚΉ
ΟΣΤΆ	ΣΏΜΑ
ΚΟΙΛΙΑΚΉ	ΝΕΥΡΟΠΆΘΕΙΑ
ΧΡΌΝΙΟΣ	ΦΛΕΓΜΟΝΉ
ΚΛΗΡΟΝΟΜΙΚΉ	ΣΎΝΔΡΟΜΟ
ΓΕΝΕΤΙΚΉ	ΘΕΡΑΠΕΊΑ
ΥΓΕΊΑ	ΠΑΘΟΓΌΝΑ

30 - Mythologie

Ν	Ν	Μ	Χ	Ι	Λ	Ε	Κ	Δ	Ί	Κ	Η	Σ	Η	Η	Η
Ρ	Ρ	Π	Σ	Έ	Ξ	Α	Ι	Λ	Ή	Ζ	Α	Ι	Γ	Λ	Ρ
Ί	Ι	Ί	Γ	Β	Μ	Σ	Β	Τ	Ε	Υ	Λ	Ν	Α	Β	Ω
Σ	Σ	Ν	Ρ	Τ	Η	Ξ	Μ	Ύ	Ν	Υ	Λ	Γ	Ι	Ί	Ί
Π	Ί	Π	Δ	Ά	Ρ	Ο	Φ	Ι	Ρ	Ε	Π	Μ	Υ	Σ	Δ
Η	Λ	Α	Θ	Α	Ν	Α	Σ	Ί	Α	Ι	Η	Γ	Ε	Τ	Α
Α	Π	Ά	Ή	Ρ	Ω	Α	Σ	Ό	Τ	Η	Ν	Θ	Ο	Ξ	Τ
Ρ	Ο	Δ	Σ	Α	Σ	Τ	Ρ	Α	Π	Ή	Θ	Θ	Ν	Ρ	Έ
Χ	Λ	Ύ	Μ	Μ	Η	Β	Α	Α	Γ	Μ	Ρ	Χ	Ο	Ω	Ρ
Έ	Ε	Ν	Α	Έ	Α	Ω	Ρ	Ί	Ε	Ρ	Ύ	Α	Η	Σ	Α
Τ	Μ	Α	Γ	Ω	Π	Λ	Λ	Ο	Β	Ρ	Λ	Γ	Ε	Σ	
Υ	Ι	Μ	Ι	Α	Υ	Ο	Σ	Χ	Ν	Ρ	Ο	Ω	Ε	Γ	Χ
Π	Σ	Η	Κ	Σ	Ω	Ή	Φ	Ο	Ρ	Τ	Σ	Α	Τ	Α	Κ
Ο	Τ	Έ	Ό	Τ	Ξ	Ν	Η	Ε	Ν	Ί	Ή	Δ	Λ	Ξ	Σ
Δ	Ή	Π	Ο	Λ	Ι	Τ	Ι	Σ	Μ	Ό	Σ	Γ	Σ	Μ	Ψ
Μ	Σ	Δ	Η	Μ	Ι	Ο	Υ	Ρ	Γ	Ί	Α	Π	Ω	Ψ	Β

ΑΡΧΈΤΥΠΟ	ΔΎΝΑΜΗ
ΑΣΤΡΑΠΉ	ΠΟΛΕΜΙΣΤΉΣ
ΔΗΜΙΟΥΡΓΊΑ	ΘΡΎΛΟΣ
ΠΟΛΙΤΙΣΜΌΣ	ΜΑΓΙΚΌ
ΒΡΟΝΤΉ	ΤΈΡΑΣ
ΛΑΒΎΡΙΝΘΟΣ	ΑΘΑΝΑΣΊΑ
ΣΥΜΠΕΡΙΦΟΡΆ	ΚΑΤΑΣΤΡΟΦΉ
ΉΡΩΑΣ	ΘΝΗΤΌΣ
ΗΡΩΪΔΑ	ΠΛΆΣΜΑ
ΖΉΛΙΑ	ΕΚΔΊΚΗΣΗ

31 - Eten #1

```
Z  Γ  Τ  Μ  Ί  Τ  Κ  Α  Π  Σ  Ό  Μ  Υ  Χ  Β  Ψ
Α  Ά  Π  Η  Σ  Ό  Α  Λ  Ι  Κ  Χ  Η  Υ  Ο  Α  Α
Λ  Χ  Χ  Μ  Ι  Ν  Ρ  Υ  Ξ  Ό  Δ  Ί  Π  Ξ  Σ  Ε
Σ  Υ  Ν  Α  Ι  Ο  Ό  Ο  Η  Ρ  Έ  Δ  Π  Σ  Ι  Γ
Α  Η  Ψ  Ν  Ρ  Σ  Τ  Ά  Κ  Δ  Ί  Υ  Β  Ι  Λ  Λ
Ε  Α  Ο  Ω  Ά  Η  Ο  Ρ  Μ  Ο  Ο  Λ  Χ  Ο  Ι  Α
Ξ  Γ  Ε  Ω  Θ  Ψ  Λ  Φ  Ο  Σ  Κ  Ι  Ω  Δ  Κ  Ι
Ι  Ι  Ρ  Μ  Ι  Γ  Λ  Σ  Κ  Τ  Ο  Ί  Ο  Γ  Ο  Π
Ψ  Υ  Έ  Έ  Ρ  Ξ  Τ  Γ  Ρ  Έ  Κ  Ύ  Ρ  Π  Ύ  Σ
Π  Η  Τ  Σ  Κ  Δ  Ο  Ι  Έ  Ω  Α  Β  Π  Ε  Α  Γ
Ο  Ι  Ο  Π  Γ  Ά  Λ  Α  Α  Η  Ν  Έ  Ε  Α  Β  Ο
Έ  Ί  Ψ  Α  Τ  Ά  Λ  Α  Σ  Γ  Έ  Δ  Χ  Β  Ί  Ί
Α  Ξ  Ξ  Ν  Α  Χ  Λ  Ά  Δ  Ι  Λ  Ν  Έ  Σ  Χ  Α
Λ  Δ  Έ  Ά  Λ  Ε  Μ  Ό  Ν  Ι  Α  Ι  Έ  Β  Σ  Ο
Ε  Ω  Υ  Κ  Φ  Ι  Σ  Τ  Ί  Κ  Ι  Τ  Ά  Λ  Α  Γ
Τ  Ο  Δ  Ι  Δ  Ύ  Μ  Μ  Ε  Ρ  Κ  Π  Β  Ο  Α  Ο
```

ΦΡΆΟΥΛΑ	ΣΑΛΆΤΑ
ΒΕΡΊΚΟΚΟ	ΧΥΜΌΣ
ΒΑΣΙΛΙΚΟΎ	ΣΟΎΠΑ
ΛΕΜΌΝΙ	ΣΠΑΝΆΚΙ
ΚΡΙΘΆΡΙ	ΖΆΧΑΡΗ
ΚΑΝΈΛΑ	ΤΌΝΟΣ
ΣΚΌΡΔΟ	ΚΡΕΜΜΎΔΙ
ΓΆΛΑ	ΚΡΈΑΣ
ΑΧΛΆΔΙ	ΚΑΡΌΤΟ
ΦΙΣΤΊΚΙ	ΑΛΆΤΙ

32 - Avontuur

```
Έ  Α  Σ  Υ  Ω  Ψ  Δ  Έ  Γ  Ι  Α  Ρ  Λ  Φ  Ε  Π
Ί  Υ  Τ  Ν  Σ  Π  Π  Υ  Τ  Δ  Δ  Χ  Γ  Ί  Ν  Α
Σ  Λ  Κ  Λ  Π  Μ  Ψ  Ε  Σ  Ι  Π  Ο  Χ  Λ  Θ  Ρ
Έ  Η  Ψ  Α  Έ  Ν  Ί  Λ  Ρ  Κ  Ν  Π  Γ  Ο  Ο  Α
Ψ  Έ  Ξ  Ά  Ι  Φ  Ρ  Ο  Μ  Ο  Ο  Ο  Ν  Ι  Υ  Σ
Γ  Π  Α  Ι  Ά  Ρ  Α  Χ  Ν  Ν  Υ  Λ  Έ  Ο  Σ  Κ
Χ  Ω  Η  Σ  Ύ  Φ  Ί  Λ  Ρ  Π  Γ  Ψ  Ί  Υ  Ι  Ε
Έ  Χ  Η  Ρ  Υ  Μ  Σ  Α  Ν  Χ  Ε  Σ  Ο  Α  Α  Υ
Ο  Σ  Ί  Ι  Ο  Ν  Υ  Δ  Ν  Ί  Κ  Ι  Π  Ε  Σ  Ή
Ω  Ι  Η  Σ  Η  Γ  Ή  Ο  Λ  Π  Ξ  Λ  Π  Τ  Μ  Λ
Ε  Κ  Δ  Ρ  Ο  Μ  Ή  Θ  Ω  Υ  Υ  Η  Ο  Ψ  Ό  Υ
Α  Σ  Φ  Ά  Λ  Ε  Ι  Α  Ι  Δ  Ί  Ξ  Α  Τ  Σ  Υ
Ί  Ξ  Χ  Ί  Ξ  Σ  Σ  Ό  Μ  Σ  Ι  Ρ  Ο  Ο  Ρ  Π
Δ  Ρ  Ο  Μ  Ο  Λ  Ό  Γ  Ι  Ο  Τ  Χ  Ε  Α  Μ  Ξ
Γ  Ε  Ν  Ν  Α  Ι  Ό  Τ  Η  Τ  Α  Ο  Χ  Λ  Ι  Τ
Δ  Ρ  Α  Σ  Τ  Η  Ρ  Ι  Ό  Τ  Η  Τ  Α  Τ  Ν  Ξ
```

ΔΡΑΣΤΗΡΙΌΤΗΤΑ	ΝΈΑ
ΠΡΟΟΡΙΣΜΌΣ	ΑΣΥΝΉΘΙΣΤΟ
ΕΝΘΟΥΣΙΑΣΜΌΣ	ΔΡΟΜΟΛΌΓΙΟ
ΕΚΔΡΟΜΉ	ΤΑΞΊΔΙ
ΕΠΙΚΊΝΔΥΝΟ	ΟΜΟΡΦΙΆ
ΕΥΚΑΙΡΊΑ	ΑΣΦΆΛΕΙΑ
ΓΕΝΝΑΙΌΤΗΤΑ	ΠΑΡΑΣΚΕΥΉ
ΔΥΣΚΟΛΊΑ	ΧΑΡΆ
ΦΎΣΗ	ΦΊΛΟΙ
ΠΛΟΉΓΗΣΗ	

33 - Restaurant #2

```
Ο  Γ  Π  Ό  Λ  Μ  Ι  Δ  Κ  Ι  Έ  Κ  Ρ  Π  Γ  Π
Β  Π  Ι  Ω  Α  Π  Ι  Ε  Β  Α  Γ  Υ  Α  Ά  Γ  Ι
Π  Σ  Ι  Σ  Ζ  Α  Μ  Ί  Π  Π  Ρ  Ρ  Μ  Γ  Ε  Ρ
Ρ  Ο  Δ  Υ  Ά  Χ  Ξ  Π  Ί  Ύ  Τ  Έ  Ί  Ο  Ύ  Ο
Γ  Ο  Τ  Ο  Ν  Α  Α  Ν  Ο  Ο  Ψ  Ί  Κ  Σ  Μ  Ύ
Μ  Σ  Η  Ό  Ι  Ρ  Ε  Ο  Έ  Σ  Ι  Τ  Ά  Λ  Α  Ν
Ν  Ε  Ρ  Ό  Α  Ι  Ν  Ό  Σ  Τ  Ι  Μ  Ο  Χ  Α  Ι
Δ  Ί  Ι  Β  Τ  Κ  Η  Έ  Κ  Ξ  Π  Υ  Ψ  Γ  Τ  Λ
Τ  Έ  Ο  Χ  Ά  Ό  Γ  Λ  Ο  Ρ  Π  Δ  Ω  Υ  Σ  Μ
Ε  Έ  Έ  Σ  Λ  Ξ  Έ  Ε  Υ  Ν  Ι  Π  Ί  Η  Ί  Λ
Φ  Η  Ι  Χ  Α  Έ  Σ  Λ  Τ  Ψ  Ε  Έ  Ί  Γ  Υ  Ο
Ψ  Ρ  Ι  Δ  Σ  Ψ  Ε  Π  Ά  Κ  Ι  Ν  Α  Χ  Α  Λ
Λ  Ι  Ο  Α  Β  Χ  Έ  Χ  Λ  Ί  Ν  Ξ  Γ  Ξ  Ν  Ψ
Δ  Έ  Ρ  Ύ  Ψ  Ά  Ρ  Ι  Ι  Μ  Α  Ο  Η  Ο  Δ  Δ
Α  Χ  Σ  Τ  Τ  Υ  Σ  Ι  Ο  Σ  Έ  Υ  Β  Σ  Ψ  Δ
Δ  Ε  Τ  Ι  Σ  Ο  Ρ  Ό  Τ  Ι  Β  Ρ  Ε  Σ  Β  Π
```

ΚΈΙΚ	ΛΑΖΆΝΙΑ
ΔΕΊΠΝΟ	ΣΕΡΒΙΤΌΡΟΣ
ΠΟΤΌ	ΣΑΛΆΤΑ
ΑΥΓΑ	ΣΟΎΠΑ
ΦΡΟΎΤΟ	ΜΠΑΧΑΡΙΚΌ
ΛΑΧΑΝΙΚΆ	ΚΑΡΈΚΛΑ
ΝΌΣΤΙΜΟ	ΨΆΡΙ
ΠΆΓΟΣ	ΠΙΡΟΎΝΙ
ΚΟΥΤΆΛΙ	ΝΕΡΌ
ΓΕΎΜΑ	ΑΛΆΤΙ

34 - Bijen

```
Ή Ά Ρ Ε Τ Φ Α Ο Κ Ε Ε Μ Η Ε Ν Π
Κ Ν Ω Τ Έ Τ Ξ Ι Α Ί Λ Ι Κ Ι Ο Π
Ι Θ Τ Λ Ι Ρ Έ Κ Π Χ Η Ι Χ Έ Ω Τ
Τ Ο Α Ρ Η Ψ Σ Ο Ν Ή Μ Σ Υ Ν Λ Ι
Ε Σ Σ Ί Ο Ε Δ Σ Ί Ρ Ε Κ Α Τ Ψ Σ
Γ Π Σ Δ Δ Φ Σ Ύ Ζ Ι Έ Έ Ε Ο Ο Έ
Ρ Ε Ι Ρ Ψ Ψ Ή Σ Ο Π Ή Κ Λ Μ Ρ Ρ
Ε Α Λ Κ Ο Μ Ά Τ Υ Φ Ι Τ Ή Ο Σ Ι
Υ Ι Ί Ο Ο Ν Ο Η Ν Α Χ Μ Λ Ν Σ Ψ
Ε Γ Σ Υ Τ Ν Έ Μ Κ Ι Ξ Έ Ι Β Υ Ν
Υ Δ Α Α Ύ Ί Ι Α Τ Υ Ω Λ Ο Δ Δ Τ
Ο Ν Β Γ Ο Π Υ Α Ν Ξ Ψ Ι Σ Λ Ί Λ
Ί Π Τ Ύ Ρ Π Ξ Ν Σ Μ Ι Έ Ι Ω Δ Υ
Σ Ε Έ Ρ Φ Ξ Ε Τ Δ Τ Ο Ρ Λ Ο Ν Ο
Ξ Ρ Δ Η Υ Ξ Ρ Λ Ω Β Ή Ρ Λ Η Π Τ
Λ Ο Υ Λ Ο Ύ Δ Ι Α Π Ρ Σ Ί Μ Λ Ί
```

ΕΠΙΚΟΝΙΑΣΤΉΣ	ΦΥΤΆ
ΚΥΨΈΛΗ	ΚΑΠΝΊΖΟΥΝ
ΛΟΥΛΟΎΔΙΑ	ΓΎΡΗ
ΆΝΘΟΣ	ΚΉΠΟΣ
ΠΟΙΚΙΛΊΑ	ΦΤΕΡΆ
ΟΙΚΟΣΎΣΤΗΜΑ	ΤΡΟΦΉ
ΦΡΟΎΤΟ	ΕΥΕΡΓΕΤΙΚΉ
ΜΈΛΙ	ΚΕΡΊ
ΈΝΤΟΜΟ	ΉΛΙΟΣ
ΒΑΣΊΛΙΣΣΑ	ΣΜΉΝΟΣ

35 - Wandelen

```
Ν  Λ  Β  Υ  Β  Τ  Χ  Κ  Έ  Ι  Ρ  Τ  Α  Μ  Ψ  Κ
Π  Ν  Υ  Ξ  Π  Η  Τ  Ά  Ι  Ρ  Α  Β  Ί  Γ  Υ  Ο
Κ  Α  Ρ  Τ  Έ  Π  Ρ  Μ  Μ  Ν  Ο  Ι  Α  Ο  Ί  Υ
Ο  Ώ  Ρ  Η  Ι  Ψ  Ρ  Π  Ό  Ά  Γ  Ρ  Ι  Ο  Ν  Ρ
Υ  Ζ  Ε  Α  Λ  Σ  Γ  Ι  Ν  Η  Μ  Δ  Ί  Γ  Β  Α
Ν  Π  Λ  Μ  Σ  Υ  Α  Ν  Υ  Ε  Τ  Ο  Ν  Ω  Ρ  Σ
Ο  Ξ  Τ  Ί  Ο  Κ  Ω  Γ  Ο  Ρ  Ρ  Σ  Γ  Φ  Ά  Μ
Ύ  Ν  Σ  Λ  Ι  Β  Ε  Κ  Β  Μ  Ψ  Ό  Ί  Ύ  Χ  Έ
Π  Π  Ω  Κ  Λ  Ή  Φ  Υ  Ρ  Ο  Κ  Ρ  Υ  Σ  Ο  Ν
Ι  Β  Ί  Δ  Ή  Η  Ρ  Η  Ή  Υ  Ω  Ι  Μ  Η  Ν  Ο
Α  Ρ  Ο  Ω  Π  Β  Έ  Σ  Ξ  Ω  Η  Α  Μ  Τ  Η  Σ
Μ  Ε  Α  Μ  Δ  Ά  Γ  Ω  Λ  Λ  Ο  Κ  Π  Ρ  Μ  Μ
Ο  Δ  Η  Γ  Ο  Ί  Ρ  Γ  Ο  Ι  Α  Α  Ό  Ά  Ξ  Β
Τ  Τ  Ω  Έ  Ε  Δ  Λ  Κ  Γ  Β  Ψ  Σ  Τ  Χ  Έ  Ψ
Σ  Ψ  Ν  Δ  Β  Χ  Τ  Ο  Α  Η  Λ  Α  Ε  Ψ  Α  Ψ
Α  Π  Η  Ψ  Ρ  Ω  Π  Ρ  Δ  Π  Ί  Ο  Σ  Μ  Σ  Ω
```

ΒΟΥΝΌ	ΦΎΣΗ
ΖΏΑ	ΠΆΡΚΑ
ΟΔΗΓΟΊ	ΠΈΤΡΑ
ΧΆΡΤΗ	ΚΟΡΥΦΉ
ΚΆΜΠΙΝΓΚ	ΠΑΡΑΣΚΕΥΉ
ΒΡΆΧΟ	ΝΕΡΌ
ΚΛΊΜΑ	ΚΑΙΡΌΣ
ΜΠΌΤΕΣ	ΆΓΡΙΟ
ΚΟΥΡΑΣΜΈΝΟΣ	ΉΛΙΟΣ
ΚΟΥΝΟΎΠΙΑ	ΒΑΡΙΆ

36 - Biologie

Ν	Η	Ψ	Ί	Τ	Α	Ί	Μ	Ο	Τ	Α	Ν	Α	Π	Υ	Κ
Κ	Ε	Έ	Ε	Ρ	Π	Ε	Τ	Ό	Η	Ν	Ό	Μ	Ρ	Ο	Ε
Ο	Ρ	Υ	Ν	Ό	Σ	Μ	Ω	Σ	Η	Α	Θ	Ψ	Ψ	Υ	Λ
Λ	Ξ	Ω	Ρ	Ζ	Ε	Χ	Σ	Ε	Ξ	Π	Η	Φ	Ν	Ρ	Ί
Λ	Μ	Έ	Ο	Ώ	Υ	Σ	Σ	Ξ	Α	Ν	Λ	Υ	Ί	Β	Ψ
Α	Α	Π	Μ	Η	Ν	Μ	Δ	Έ	Λ	Ο	Α	Σ	Τ	Μ	Ε
Γ	Ο	Η	Ρ	Σ	Α	Α	Ο	Λ	Λ	Ή	Σ	Ι	Υ	Έ	Ω
Ό	Ί	Μ	Μ	Ω	Μ	Β	Ρ	Ι	Ά	Ε	Τ	Κ	Ν	Β	Α
Ν	Ε	Έ	Τ	Ί	Τ	Ί	Ε	Ξ	Τ	Ω	Ι	Ή	Ω	Τ	Ί
Ο	Γ	Ε	Γ	Β	Σ	Ε	Γ	Η	Ε	Χ	Κ	Π	Τ	Τ	Η
Ρ	Γ	Γ	Ο	Μ	Α	Ω	Ι	Υ	Μ	Ι	Ό	Έ	Ρ	Υ	Ψ
Ύ	Α	Ί	Ο	Υ	Β	Η	Ι	¨	Α	Ι	Χ	Β	Ο	Ρ	Π
Ε	Μ	Γ	Η	Σ	Σ	Έ	Ί	Σ	΄	Λ	Μ	Τ	Ρ	Ο	Λ
Ν	Ί	Τ	Λ	Τ	Σ	Ξ	Η	Ψ	Α	Ν	Ύ	Σ	Ν	Ω	Π
Φ	Ω	Τ	Ο	Σ	Ύ	Ν	Θ	Ε	Σ	Η	Η	Υ	Έ	Β	Η
Μ	Η	Λ	Ε	Ί	Λ	Χ	Ρ	Ω	Μ	Ό	Σ	Ω	Μ	Α	Ν

ΑΝΑΠΝΟΉ
ΑΝΑΤΟΜΊΑ
ΚΕΛΊ
ΧΡΩΜΌΣΩΜΑ
ΚΟΛΛΑΓΌΝΟ
ΠΡΩΤΕΪΝΗ
ΈΜΒΡΥΟ
ΈΝΖΥΜΟ
ΕΞΈΛΙΞΗ
ΦΩΤΟΣΎΝΘΕΣΗ

ΟΡΜΌΝΗ
ΜΕΤΆΛΛΑΞΗ
ΦΥΣΙΚΉ
ΝΕΥΡΏΝΑ
ΌΣΜΩΣΗ
ΕΡΠΕΤΌ
ΣΥΜΒΊΩΣΗ
ΣΎΝΑΨΗ
ΝΕΎΡΟ
ΘΗΛΑΣΤΙΚΌ

37 - Landen #1

```
Π  Σ  Λ  Ψ  Ι  Ω  Ι  Χ  Π  Χ  Λ  Ε  Ά  Υ  Ρ  Έ
Η  Α  Ξ  Χ  Β  Α  Τ  Γ  Π  Ι  Δ  Η  Δ  Η  Π  Β
Ξ  Έ  Ν  Σ  Β  Υ  Α  Υ  Ο  Γ  Ά  Ρ  Α  Κ  Ι  Ν
Λ  Ί  Λ  Α  Π  Π  Λ  Ή  Λ  Ι  Χ  Ι  Ν  Ά  Ω  Τ
Ε  Γ  Λ  Ί  Μ  Ρ  Ί  Δ  Ω  Τ  Ρ  Β  Α  Ρ  Η  Ξ
Η  Ρ  Η  Ξ  Γ  Ά  Α  Ω  Ν  Η  Ξ  Ο  Κ  Ι  Μ  Ί
Σ  Ο  Τ  Π  Υ  Γ  Ί  Α  Ί  Λ  Ι  Ζ  Α  Ρ  Β  Λ
Ε  Υ  Ν  Μ  Ρ  Υ  Η  Ρ  Α  Ι  Σ  Ρ  Α  Ή  Λ  Ι
Ν  Μ  Ο  Α  Α  Ο  Α  Γ  Ε  Ρ  Μ  Α  Ν  Ί  Α  Β
Ε  Α  Ρ  Β  Τ  Ρ  Κ  Α  Μ  Π  Ό  Τ  Ζ  Η  Λ  Ύ
Γ  Ν  Β  Γ  Έ  Έ  Ό  Ι  Σ  Π  Α  Ν  Ί  Α  Ε  Η
Ά  Ί  Η  Χ  Ί  Λ  Μ  Κ  Β  Δ  Π  Ι  Σ  Η  Τ  Τ
Λ  Α  Γ  Ε  Μ  Ο  Γ  Τ  Ο  Μ  Ε  Ω  Τ  Ξ  Ο  Α
Η  Ν  Ί  Χ  Χ  Γ  Γ  Ι  Χ  Χ  Χ  Ω  Π  Α  Ν  Λ
Ρ  Π  Α  Ι  Β  Λ  Μ  Ν  Ο  Β  Ω  Ψ  Π  Σ  Ί  Τ
Ί  Τ  Δ  Ψ  Β  Χ  Λ  Η  Μ  Π  Ω  Δ  Λ  Α  Α  Π
```

ΒΈΛΓΙΟ	ΛΕΤΟΝΊΑ
ΒΡΑΖΙΛΊΑ	ΛΙΒΎΗ
ΚΑΜΠΌΤΖΗ	ΜΑΡΌΚΟ
ΚΑΝΑΔΆ	ΝΙΚΑΡΆΓΟΥΑ
ΧΙΛΉ	ΝΟΡΒΗΓΊΑ
ΓΕΡΜΑΝΊΑ	ΠΑΝΑΜΆ
ΑΊΓΥΠΤΟΣ	ΠΟΛΩΝΊΑ
ΙΡΆΚ	ΡΟΥΜΑΝΊΑ
ΙΣΡΑΉΛ	ΣΕΝΕΓΆΛΗ
ΙΤΑΛΊΑ	ΙΣΠΑΝΊΑ

38 - Installaties

```
Γ  Μ  Γ  Ι  Φ  Η  Ψ  Λ  Γ  Η  Λ  Π  Ψ  Σ  Γ  Β
Ά  Π  Γ  Ψ  Ψ  Ύ  Β  Γ  Ο  Ν  Α  Τ  Ό  Β  Ρ  Ο
Ν  Α  Χ  Ί  Ω  Ι  Λ  Χ  Λ  Υ  Ω  Ι  Ψ  Ε  Α  Τ
Θ  Μ  Ι  Ψ  Χ  Ε  Δ  Λ  Ψ  Ξ  Λ  Υ  Έ  Π  Σ  Α
Ο  Π  Δ  Έ  Ν  Τ  Ρ  Ο  Ω  Ω  Ι  Ο  Χ  Ι  Ί  Ν
Σ  Ο  Ρ  Ρ  Β  Ε  Σ  Ρ  Τ  Μ  Γ  Ί  Ύ  Ρ  Δ  Ι
Ψ  Ύ  Ί  Υ  Τ  Ε  Ο  Ύ  Β  Ε  Α  Ω  Ε  Δ  Ι  Κ
Β  Ρ  Ύ  Α  Τ  Σ  Γ  Ο  Η  Φ  Ύ  Λ  Λ  Ο  Ι  Ή
Έ  Ί  Ν  Ε  Ω  Ξ  Σ  Μ  Γ  Μ  Δ  Χ  Τ  Ο  Λ  Μ
Ν  Σ  Ε  Ρ  Β  Ί  Λ  Έ  Τ  Ε  Ν  Σ  Ι  Κ  Ό  Λ
Δ  Υ  Ν  Σ  Ο  Τ  Κ  Ά  Κ  Σ  Β  Έ  Ψ  Ι  Σ  Υ
Ί  Χ  Γ  Υ  Ο  Λ  Η  Μ  Ψ  Β  Ι  Δ  Η  Σ  Α  Ρ
Έ  Ω  Α  Β  Υ  Σ  Ο  Π  Ή  Κ  Μ  Ω  Γ  Σ  Φ  Ρ
Χ  Λ  Ω  Ρ  Ί  Δ  Α  Μ  Σ  Α  Π  Ί  Λ  Ό  Λ  Ί
Α  Έ  Χ  Ι  Γ  Β  Ο  Δ  Ε  Ο  Υ  Ο  Ο  Σ  Ν  Ζ
Έ  Ο  Β  Λ  Ά  Σ  Τ  Η  Σ  Η  Υ  Υ  Χ  Γ  Γ  Α
```

ΜΠΑΜΠΟΎ	ΦΎΛΛΩΜΑ
ΜΟΎΡΟ	ΓΡΑΣΊΔΙ
ΦΎΛΛΟ	ΚΙΣΣΌΣ
ΛΟΥΛΟΎΔΙ	ΒΌΤΑΝΟ
ΆΝΘΟΣ	ΛΊΠΑΣΜΑ
ΔΈΝΤΡΟ	ΒΡΎΑ
ΦΑΣΌΛΙ	ΒΟΤΑΝΙΚΉ
ΔΑΣΟΣ	ΚΉΠΟΣ
ΚΆΚΤΟΣ	ΒΛΆΣΤΗΣΗ
ΧΛΩΡΊΔΑ	ΡΊΖΑ

39 - Agronomie

Ε	Γ	Σ	Ο	Υ	Ι	Ν	Ξ	Ο	Η	Σ	Ν	Α	Π	Ύ	Ρ
Ν	Ε	Π	Ε	Ϊ	Ά	Ο	Λ	Ξ	Ό	Α	Δ	Ν	Α	Έ	Η
Έ	Ω	Ό	Χ	Ή	Κ	Ι	Τ	Ο	Ρ	Γ	Α	Α	Σ	Ο	Μ
Ρ	Ρ	Ρ	Π	Ν	Ι	Ο	Έ	Η	Ε	Γ	Ν	Γ	Ο	Δ	Ψ
Γ	Γ	Ο	Η	Ι	Ν	Π	Λ	Ν	Χ	Υ	Ν	Έ	Α	Χ	
Ε	Ί	Ι	Π	Χ	Α	Ρ	Α	Ο	Χ	Β	Ε	Ώ	Ν	Σ	Σ
Ι	Α	Ψ	Μ	Λ	Χ	Α	Α	Ρ	Γ	Ξ	Ρ	Ρ	Ε	Η	Ω
Α	Μ	Π	Ω	Ο	Α	Δ	Β	Υ	Α	Ϊ	Έ	Ι	Ι	Ξ	Μ
Ο	Σ	Β	Υ	Δ	Λ	Γ	Γ	Ψ	Β	Γ	Α	Σ	Α	Υ	Τ
Ο	Α	Ή	Κ	Ι	Γ	Ο	Λ	Ο	Ι	Β	Ω	Η	Ψ	Τ	Έ
Ε	Π	Τ	Ε	Ά	Σ	Ύ	Σ	Τ	Η	Μ	Α	Γ	Ν	Π	Ξ
Σ	Ί	Ί	Γ	Β	Γ	Ο	Δ	Β	Ί	Α	Β	Ρ	Ή	Ά	Μ
Η	Λ	Ί	Έ	Ρ	Π	Ε	Ρ	Ι	Β	Ά	Λ	Λ	Ο	Ν	Α
Ι	Ι	Υ	Ρ	Ω	Ι	Τ	Ρ	Ν	Β	Ε	Ί	Α	Ι	Α	Ο
Ί	Η	Μ	Ι	Σ	Ώ	Ι	Β	Γ	Ω	Δ	Ν	Μ	Ρ	Μ	Ψ
Β	Δ	Ρ	Μ	Η	Μ	Ή	Τ	Σ	Ι	Π	Ε	Ξ	Χ	Η	Ξ

ΒΙΏΣΙΜΗ	ΠΕΡΙΒΆΛΛΟΝ
ΟΙΚΟΛΟΓΊΑ	ΈΡΕΥΝΑ
ΕΝΈΡΓΕΙΑ	ΒΙΟΛΟΓΙΚΉ
ΔΙΆΒΡΩΣΗ	ΠΑΡΑΓΩΓΉ
ΑΝΆΠΤΥΞΗ	ΣΎΣΤΗΜΑ
ΛΑΧΑΝΙΚΆ	ΡΎΠΑΝΣΗ
ΑΝΑΓΝΏΡΙΣΗ	ΝΕΡΌ
ΓΕΩΡΓΊΑ	ΕΠΙΣΤΉΜΗ
ΑΓΡΟΤΙΚΉ	ΣΠΌΡΟΙ
ΛΊΠΑΣΜΑ	ΑΣΘΈΝΕΙΑ

40 - Oceaan

Κ	Α	Β	Ό	Ρ	Ι	Σ	Φ	Ο	Υ	Γ	Γ	Ά	Ρ	Ι
Ι	Ε	Η	Π	Ι	Λ	Ί	Έ	Ξ	Ψ	Τ	Ε	Δ	Υ	Ω	Λ
Γ	Σ	Δ	Ω	Η	Υ	Χ	Ι	Τ	Ά	Λ	Α	Ξ	Ρ	Ν	Λ
Ά	Λ	Γ	Η	Υ	Μ	Λ	Μ	Λ	Ρ	Ί	Ρ	Δ	Β	Ψ	Ά
Κ	Α	Τ	Α	Ι	Γ	Ί	Δ	Α	Ι	Σ	Γ	Ν	Ι	Τ	Ρ
Β	Χ	Τ	Δ	Γ	Μ	Ί	Α	Ν	Χ	Ε	Λ	Ώ	Ν	Α	Ο
Σ	Ρ	Α	Ί	Τ	Η	Ο	Σ	Δ	Η	Σ	Σ	Μ	Ί	Κ	Κ
Κ	Ο	Ι	Ρ	Ό	Π	Ν	Υ	Β	Ω	Υ	Ω	Μ	Φ	Ρ	Ξ
Τ	Α	Ο	Α	Ν	Σ	Χ	Α	Ε	Γ	Ο	Ρ	Ε	Λ	Ά	Ρ
Ξ	Ν	Ρ	Γ	Ο	Ν	Τ	Τ	Μ	Ρ	Δ	Ι	Ι	Ε	Β	Η
Ω	Ι	Ρ	Χ	Σ	Δ	Χ	Ρ	Α	Ρ	Έ	Ξ	Η	Δ	Χ	Ψ
Ί	Α	Ί	Ί	Α	Έ	Λ	Η	Ε	Π	Μ	Α	Α	Ω	Π	Δ
Ί	Λ	Λ	Τ	Σ	Ρ	Π	Γ	Δ	Ί	Ό	Ξ	Ί	Δ	Ί	Ε
Τ	Ά	Α	Β	Ξ	Α	Ί	Δ	Ι	Σ	Δ	Δ	Γ	Υ	Ξ	Ί
Μ	Φ	Π	Β	Η	Ε	Η	Α	Ο	Τ	Ξ	Ι	Ι	Λ	Έ	Χ
Π	Ρ	Ε	Ν	Ο	Λ	Σ	Ξ	Σ	Ψ	Ω	Α	Ω	Η	Ξ	Τ

X'ΕΛΙ
ΆΛΓΗ
ΒΆΡΚΑ
ΔΕΛΦΊΝΙ
ΓΑΡΊΔΑ
ΠΑΛΊΡΡΟΙΑ
ΚΑΡΧΑΡΊΑΣ
ΚΟΡΆΛΛΙ
ΚΑΒΟΎΡΙ
ΜΈΔΟΥΣΕΣ

ΧΤΑΠΌΔΙ
ΣΤΡΕΊΔΙ
ΞΈΡΑ
ΧΕΛΏΝΑ
ΣΦΟΥΓΓΆΡΙ
ΚΑΤΑΙΓΊΔΑ
ΤΌΝΟΣ
ΨΆΡΙ
ΦΆΛΑΙΝΑ
ΑΛΆΤΙ

41 - Landen #2

```
Μ  Γ  Δ  Α  Ν  Ί  Α  Ξ  Τ  Γ  Ι  Π  Έ  Τ  Μ  Π
Ρ  Σ  Ψ  Τ  Ω  Η  Έ  Δ  Ν  Μ  Ρ  Ψ  Δ  Σ  Έ  Ι
Μ  Σ  Ο  Ν  Α  Β  Ί  Λ  Ε  Α  Λ  Έ  Σ  Ψ  Ψ  Σ
Η  Ο  Ί  Ά  Σ  Ω  Γ  Ρ  Π  Λ  Α  Ί  Ρ  Υ  Σ  Π
Ί  Μ  Ί  Κ  Λ  Β  Ν  Π  Ά  Α  Ν  Ρ  Β  Ξ  Ν  Ί
Ω  Α  Ε  Γ  Β  Ι  Έ  Π  Λ  Ι  Δ  Ο  Ι  Ρ  Υ  Π
Δ  Λ  Ω  Υ  Χ  Ο  Β  Υ  Γ  Σ  Ί  Ί  Τ  Γ  Ο  Μ
Ε  Ί  Τ  Ο  Ν  Υ  Ο  Ε  Ί  Ί  Α  Β  Ε  Α  Σ  Ε
Ν  Α  Υ  Ν  Έ  Κ  Ι  Χ  Ρ  Α  Δ  Ά  Λ  Λ  Ε  Ξ
Ι  Α  Ι  Μ  Ξ  Ρ  Σ  Σ  Η  Ί  Τ  Μ  Λ  Λ  Ρ  Ι
Έ  Α  Λ  Ί  Χ  Α  Π  Ψ  Ρ  Υ  Α  Ω  Χ  Ί  Έ  Κ
Ω  Ρ  Π  Π  Τ  Ν  Ν  Ι  Γ  Η  Ρ  Ί  Α  Α  Η  Ό
Μ  Ω  Υ  Ω  Ω  Ί  Α  Ι  Θ  Ι  Ο  Π  Ί  Α  Μ  Η
Σ  Σ  Ω  Ν  Ν  Α  Ί  Σ  Η  Ν  Ο  Δ  Ν  Ι  Χ  Α
Χ  Ί  Ρ  Ε  Ο  Ί  Τ  Γ  Λ  Ί  Ν  Π  Β  Ε  Ρ  Τ
Υ  Α  Ρ  Χ  Μ  Ω  Α  Η  Ι  Ξ  Ί  Λ  Έ  Γ  Τ  Δ
```

ΔΑΝΊΑ
ΑΙΘΙΟΠΊΑ
ΓΑΛΛΊΑ
ΕΛΛΆΔΑ
ΙΡΛΑΝΔΊΑ
ΙΝΔΟΝΗΣΊΑ
ΙΑΠΩΝΊΑ
ΚΈΝΥΑ
ΛΆΟΣ
ΛΊΒΑΝΟΣ

ΛΙΒΕΡΊΑ
ΜΑΛΑΙΣΊΑ
ΜΕΞΙΚΌ
ΝΕΠΆΛ
ΝΙΓΗΡΊΑ
ΟΥΓΚΆΝΤΑ
ΟΥΚΡΑΝΊΑ
ΡΩΣΊΑ
ΣΟΜΑΛΊΑ
ΣΥΡΊΑ

42 - Bloemen

```
Π  Τ  Ί  Ω  Π  Ο  Τ  Λ  Ρ  Ν  Ρ  Ξ  Ψ  Χ  Μ  Γ
Π  Ι  Υ  Υ  Λ  Τ  Χ  Ε  Α  Ψ  Λ  Χ  Τ  Υ  Ο  Α
Α  Τ  Κ  Α  Ε  Η  Ρ  Β  Ι  Ο  Ε  Μ  Υ  Δ  Ι  Ρ
Σ  Ω  Ρ  Ρ  Η  Ξ  Α  Ά  Ι  Λ  Α  Χ  Σ  Α  Π  Δ
Σ  Σ  Ψ  Ι  Α  Χ  Α  Ν  Υ  Λ  Έ  Μ  Ο  Ν  Ό  Έ
Ι  Έ  Ι  Π  Φ  Λ  Π  Τ  Χ  Υ  Δ  Α  Ν  Ύ  Ρ  Ν
Φ  Π  Ί  Τ  Γ  Ύ  Ί  Α  Π  Φ  Ι  Ρ  Ί  Ο  Τ  Ι
Λ  Λ  Έ  Ι  Ω  Η  Λ  Δ  Χ  Ά  Χ  Γ  Ρ  Ρ  Ο  Α
Ό  Χ  Β  Τ  Ε  Σ  Υ  Λ  Α  Τ  Ρ  Α  Κ  Α  Ι  Ι
Ρ  Ρ  Ω  Ω  Α  Σ  Ο  Ε  Ι  Ν  Ο  Ρ  Ο  Π  Λ  Π
Α  Ξ  Ο  Π  Β  Λ  Τ  Λ  Α  Υ  Ί  Δ  Α  Η  Α  Α
Λ  Ν  Ω  Δ  Π  Υ  Ο  Α  Ό  Ι  Π  Τ  Μ  Π  Υ  Ι
Μ  Π  Ο  Υ  Κ  Έ  Τ  Ο  Ν  Ρ  Ί  Α  Π  Η  Μ  Ω
Β  Π  Μ  Ί  Π  Ξ  Λ  Ί  Α  Τ  Ί  Υ  Ί  Ψ  Υ  Ν
Ψ  Ρ  Έ  Λ  Ε  Α  Ι  Ί  Μ  Ε  Σ  Α  Ι  Γ  Ρ  Ί
Ι  Β  Ί  Σ  Κ  Ο  Σ  Έ  Ί  Ο  Σ  Ψ  Ρ  Λ  Ψ  Α
```

ΠΈΤΑΛΟ
ΜΠΟΥΚΈΤΟ
ΓΑΡΔΈΝΙΑ
ΙΒΊΣΚΟΣ
ΓΙΑΣΕΜΊ
ΤΡΙΦΎΛΛΙ
ΛΕΒΆΝΤΑ
ΚΡΊΝΟΣ
ΠΑΣΧΑΛΙΆ
ΜΑΡΓΑΡΊΤΑ

ΜΑΝΌΛΙΑ
ΟΡΧΙΔΈΑ
ΠΙΚΡΑΛΊΔΑ
ΠΑΠΑΡΟΎΝΑ
ΠΑΣΣΙΦΛΌΡΑ
ΠΑΙΩΝΊΑ
ΤΡΙΑΝΤΆΦΥΛΛΟ
ΤΟΥΛΊΠΑ
ΗΛΙΟΤΡΌΠΙΟ

43 - Landschappen

```
Δ  Ο  Ό  Π  Υ  Β  Δ  Λ  Π  Δ  Δ  Ξ  Χ  Η  Κ  Κ
Δ  Ι  Α  Υ  Α  Ί  Λ  Α  Ρ  Α  Π  Δ  Έ  Φ  Ο  Α
Ω  Ρ  Σ  Ι  Γ  Ξ  Β  Ο  Υ  Ν  Ό  Κ  Α  Ι  Τ
Κ  Β  Η  Ξ  Δ  Σ  Ό  Μ  Α  Τ  Ο  Π  Ό  Ί  Λ  Α
Ε  Η  Υ  Ε  Ν  Ι  Λ  Β  Σ  Έ  Λ  Ι  Λ  Σ  Ά  Ρ
Α  Έ  Ί  Μ  Ύ  Υ  Γ  Ψ  Ο  Π  Γ  Ν  Π  Τ  Δ  Ρ
Ν  Π  Ν  Σ  Ο  Φ  Ό  Λ  Τ  Υ  Ή  Έ  Ο  Ε  Α  Ά
Ό  Η  Α  Χ  Τ  Έ  Σ  Ξ  Λ  Δ  Ν  Λ  Σ  Ι  Μ  Κ
Σ  Μ  Ε  Γ  Ν  Η  Σ  Ί  Ά  Ψ  Ρ  Ο  Α  Ο  Ρ  Τ
Λ  Ξ  Ο  Ψ  Ε  Έ  Η  Η  Β  Α  Ρ  Γ  Ψ  Ι  Σ  Η
Τ  Ι  Η  Έ  Ρ  Τ  Β  Π  Χ  Α  Α  Ι  Η  Π  Ο  Χ
Ε  Ρ  Ή  Μ  Ο  Υ  Ώ  Χ  Ε  Ρ  Σ  Ό  Ν  Η  Σ  Ο
Β  Ι  Β  Γ  Μ  Β  Υ  Ν  Λ  Ί  Μ  Ν  Η  Χ  Γ  Έ
Έ  Δ  Χ  Τ  Σ  Δ  Υ  Α  Σ  Σ  Α  Λ  Ά  Θ  Ξ
Χ  Ξ  Ο  Ψ  Γ  Ι  Ω  Μ  Π  Σ  Ξ  Υ  Χ  Μ  Μ  Τ
Χ  Ω  Ε  Ο  Α  Τ  Μ  Β  Έ  Π  Ω  Δ  Ξ  Σ  Ε  Α
```

ΒΟΥΝΌ	ΩΚΕΑΝΌΣ
ΝΗΣΊ	ΠΟΤΑΜΌΣ
ΠΑΓΕΤΏΝΑΣ	ΧΕΡΣΌΝΗΣΟ
ΚΌΛΠΟΣ	ΠΑΡΑΛΊΑ
ΣΠΉΛΑΙΟ	ΤΟΎΝΔΡΑ
ΛΌΦΟ	ΚΟΙΛΆΔΑ
ΠΑΓΌΒΟΥΝΟ	ΗΦΑΊΣΤΕΙΟ
ΛΊΜΝΗ	ΚΑΤΑΡΡΆΚΤΗ
ΒΆΛΤΟΣ	ΕΡΉΜΟΥ
ΌΑΣΗ	ΘΆΛΑΣΣΑ

44 - Tuin

Ε	Ζ	Ά	Ρ	Α	Κ	Γ	Φ	Σ	Τ	Λ	Ν	Τ	Ν	Ω	Ρ
Σ	Δ	Β	Ψ	Ρ	Ί	Ρ	Ο	Ρ	Τ	Ν	Έ	Δ	Ν	Π	Β
Λ	Μ	Ξ	Β	Ώ	Σ	Α	Ν	Ζ	Α	Η	Μ	Ω	Μ	Ε	Ε
Σ	Ξ	Μ	Β	Ι	Ί	Σ	Ί	Ι	Κ	Κ	Ο	Ί	Τ	Ρ	Ρ
Α	Ε	Δ	Ω	Α	Ο	Ί	Λ	Ζ	Ν	Ή	Τ	Ι	Ε	Ι	Ά
Α	Ξ	Ν	Σ	Β	Γ	Δ	Ο	Ά	Ω	Π	Π	Η	Η	Β	Ν
Η	Ψ	Ο	Π	Ι	Ο	Ι	Π	Ν	Τ	Τ	Έ	Ο	Σ	Ό	Τ
Ψ	Ι	Λ	Έ	Π	Μ	Α	Μ	Ι	Γ	Έ	Έ	Η	Σ	Λ	Α
Ν	Γ	Κ	Υ	Γ	Τ	Χ	Α	Α	Λ	Ί	Μ	Ν	Η	Ι	Γ
Φ	Τ	Υ	Ά	Ρ	Ι	Η	Ρ	Λ	Ο	Δ	Δ	Ι	Λ	Γ	Υ
Ψ	Ί	Ξ	Ξ	Κ	Μ	Γ	Τ	Λ	Ρ	Έ	Έ	Ξ	Έ	Κ	Υ
Ψ	Ί	Υ	Ί	Η	Γ	Λ	Ο	Υ	Λ	Ο	Ύ	Δ	Ι	Α	Ί
Ω	Χ	Υ	Δ	Υ	Ί	Α	Ψ	Ω	Έ	Δ	Μ	Η	Ι	Ζ	Ι
Π	Α	Ρ	Β	Λ	Ε	Υ	Π	Β	Π	Ω	Ο	Η	Έ	Ό	Ί
Τ	Σ	Ο	Υ	Γ	Κ	Ρ	Ά	Ν	Α	Γ	Τ	Έ	Μ	Ν	Υ
Σ	Ω	Λ	Ή	Ν	Α	Ο	Ξ	Α	Ξ	Χ	Σ	Τ	Β	Γ	Δ

ΠΑΓΚΆΚΙ	ΦΡΑΚΤΗΣ
ΛΟΥΛΟΎΔΙ	ΖΙΖΆΝΙΑ
ΔΈΝΤΡΟ	ΦΤΥΆΡΙ
ΠΕΡΙΒΌΛΙ	ΣΩΛΉΝΑ
ΓΚΑΡΆΖ	ΒΕΡΆΝΤΑ
ΓΚΑΖΌΝ	ΤΡΑΜΠΟΛΊΝΟ
ΓΡΑΣΊΔΙ	ΚΉΠΟΣ
ΑΙΏΡΑ	ΛΊΜΝΗ
ΤΣΟΥΓΚΡΆΝΑ	ΑΜΠΈΛΙ

45 - Beroepen #2

```
Χ Δ Η Μ Ο Σ Ι Ο Γ Ρ Ά Φ Ο Σ Ζ Ζ
Ε Ε Ι Κ Ο Ν Ο Γ Ρ Ά Φ Ο Σ Η Ω Ω
Ι Ο Δ Ο Ν Τ Ί Α Τ Ρ Ο Σ Ψ Ρ Γ Ο
Ρ Μ Ξ Ξ Ρ Μ Η Χ Α Ν Ι Κ Ό Σ Ρ Λ
Ο Γ Λ Ω Σ Σ Ο Λ Ό Γ Ο Σ Ν Α Ά Ό
Υ Π Ι Λ Ο Τ Ι Κ Ή Α Ψ Ο Ε Ω Φ Γ
Ρ Δ Ο Α Η Δ Σ Ο Γ Ό Λ Ο Ι Β Ο Ο
Γ Σ Η Τ Ύ Α Ν Ο Ρ Τ Σ Α Β Ι Σ Σ
Ό Κ Λ Ι Α Π Ο Ε Φ Ε Υ Ρ Έ Τ Η Σ
Σ Η Χ Ψ Ε Ο Ξ Μ Τ Ά Τ Τ Ι Κ Λ Λ
Ρ Π Έ Ε Α Ρ Ρ Ί Γ Ι Ρ Ω Υ Έ Τ Ρ
Σ Ο Φ Ο Σ Ό Λ Ι Φ Α Ρ Γ Ο Τ Η Έ
Χ Υ Ι Ξ Χ Χ Ψ Η Σ Τ Ε Υ Ο Ε Σ Ψ
Ε Ρ Σ Ή Τ Η Ν Υ Ε Ρ Ε Ν Μ Τ Ί Α
Ί Ό Α Γ Ρ Ο Τ Η Σ Ο Δ Ν Γ Ν Ω Ν
Έ Σ Ο Λ Α Κ Σ Ά Δ Σ Τ Ν Ξ Χ Λ Φ
```

ΙΑΤΡΟΣ	ΔΗΜΟΣΙΟΓΡΆΦΟΣ
ΑΣΤΡΟΝΑΎΤΗΣ	ΔΆΣΚΑΛΟΣ
ΒΙΟΛΌΓΟΣ	ΓΛΩΣΣΟΛΌΓΟΣ
ΑΓΡΟΤΗΣ	ΕΡΕΥΝΗΤΉΣ
ΧΕΙΡΟΥΡΓΌΣ	ΠΙΛΟΤΙΚΉ
ΝΤΕΤΈΚΤΙΒ	ΖΩΓΡΆΦΟΣ
ΦΙΛΌΣΟΦΟΣ	ΟΔΟΝΤΊΑΤΡΟΣ
ΦΩΤΟΓΡΆΦΟΣ	ΚΗΠΟΥΡΌΣ
ΕΙΚΟΝΟΓΡΆΦΟΣ	ΕΦΕΥΡΈΤΗΣ
ΜΗΧΑΝΙΚΌΣ	ΖΩΟΛΌΓΟΣ

46 - Dagen en Maanden

```
Υ  Ο  Ί  Ρ  Α  Υ  Ο  Ν  Α  Ι  Μ  Υ  Ρ  Ο  Σ  Φ
Ν  Ο  Ε  Μ  Β  Ρ  Ί  Ο  Υ  Ο  Ν  Μ  Γ  Ο  Ξ  Ε
Ε  Η  Τ  Π  Μ  Έ  Π  Ν  Λ  Υ  Μ  Ν  Ψ  Κ  Ω  Β
Ε  Ο  Ο  Α  Λ  Ξ  Λ  Ρ  Ί  Ν  Έ  Ν  Υ  Τ  Υ  Ρ
Ε  Τ  Ο  Σ  Β  Τ  Έ  Υ  Ί  Ί  Β  Έ  Ψ  Ω  Ι  Ο
Γ  Λ  Η  Π  Μ  Β  Γ  Έ  Έ  Ο  Ο  Ί  Έ  Β  Ο  Υ
Π  Ο  Ρ  Ε  Ί  Α  Ά  Χ  Μ  Υ  Π  Μ  Ί  Ρ  Υ  Α
Ί  Τ  Έ  Ή  Υ  Ε  Κ  Σ  Α  Ρ  Α  Π  Υ  Ί  Λ  Ρ
Ω  Ν  Ί  Η  Μ  Ε  Ρ  Ο  Λ  Ό  Γ  Ι  Ο  Ο  Ί  Ί
Τ  Ε  Τ  Ά  Ρ  Τ  Η  Τ  Ί  Ρ  Τ  Μ  Τ  Υ  Ο  Ο
Υ  Δ  Ε  Υ  Τ  Έ  Ρ  Α  Ψ  Χ  Ε  Η  Σ  Α  Υ  Υ
Σ  Ε  Π  Τ  Ε  Μ  Β  Ρ  Ί  Ο  Υ  Ί  Ύ  Ί  Μ  Ε
Χ  Α  Δ  Ά  Μ  Ο  Δ  Β  Ε  Ι  Ρ  Ι  Ο  Τ  Η  Π
Ρ  Ρ  Ν  Γ  Ω  Δ  Ψ  Ν  Ν  Έ  Α  Ρ  Γ  Ε  Ί  Έ
Μ  Ψ  Β  Ή  Κ  Α  Ι  Ρ  Υ  Κ  Γ  Χ  Υ  Ί  Ω  Β
Ί  Λ  Δ  Γ  Μ  Σ  Ί  Ρ  Η  Ν  Ε  Ξ  Α  Ν  Ξ  Π
```

ΑΥΓΟΎΣΤΟΥ	ΔΕΥΤΈΡΑ
ΤΡΊΤΗ	ΠΟΡΕΊΑ
ΠΈΜΠΤΗ	ΝΟΕΜΒΡΊΟΥ
ΦΕΒΡΟΥΑΡΊΟΥ	ΟΚΤΩΒΡΊΟΥ
ΕΤΟΣ	ΣΕΠΤΕΜΒΡΊΟΥ
ΙΑΝΟΥΑΡΊΟΥ	ΠΑΡΑΣΚΕΥΉ
ΙΟΥΛΊΟΥ	ΕΒΔΟΜΆΔΑ
ΙΟΥΝΊΟΥ	ΤΕΤΆΡΤΗ
ΗΜΕΡΟΛΌΓΙΟ	ΣΆΒΒΑΤΟ
ΜΉΝΑΣ	ΚΥΡΙΑΚΉ

47 - Beeldende Kunsten

```
Α  Η  Γ  Τ  Γ  Τ  Ι  Υ  Έ  Ν  Δ  Χ  Ψ  Π  Γ  Α
Ί  Ρ  Δ  Χ  Δ  Ι  Γ  Ξ  Κ  Ε  Ρ  Α  Μ  Ι  Κ  Ή
Γ  Ό  Ι  Ω  Ν  Φ  Ω  Τ  Ο  Γ  Ρ  Α  Φ  Ί  Α  Κ
Κ  Λ  Δ  Σ  Η  Ν  Χ  Έ  Τ  Ι  Λ  Λ  Α  Κ  Η  Ι
Ι  Υ  Υ  Ψ  Τ  Τ  Ί  Ξ  Ν  Ρ  Ξ  Λ  Ε  Χ  Π  Ν
Μ  Τ  Κ  Π  Ο  Ο  Τ  Έ  Ρ  Τ  Ρ  Ο  Π  Ρ  Ο  Ο
Ω  Σ  Ε  Χ  Τ  Σ  Ύ  Τ  Γ  Ί  Ν  Γ  Λ  Π  Λ  Τ
Λ  Γ  Ρ  Β  Έ  Ι  Σ  Ρ  Α  Ξ  Ί  Έ  Υ  Π  Υ  Κ
Ί  Ψ  Ί  Ε  Λ  Ί  Κ  Μ  Γ  Ι  Ε  Υ  Ν  Ρ  Γ  Ε
Α  Ω  Β  Ο  Α  Α  Ε  Ή  Β  Η  Ν  Β  Υ  Ο  Ρ  Τ
Γ  Ω  Γ  Ι  Β  Ύ  Λ  Ο  Μ  Ο  Μ  Ί  Π  Ο  Ά  Ι
Ή  Κ  Ι  Φ  Α  Ρ  Γ  Ω  Ζ  Ε  Β  Α  Α  Π  Φ  Χ
Ο  Δ  Ν  Ρ  Κ  Δ  Β  Ε  Ρ  Ν  Ί  Κ  Ι  Τ  Ο  Ρ
Β  Ί  Ο  Ι  Σ  Ύ  Ν  Θ  Ε  Σ  Η  Δ  Ρ  Ι  Ο  Α
Μ  Π  Σ  Τ  Α  Ι  Ο  Ν  Υ  Ο  Β  Ρ  Ά  Κ  Η  Σ
Λ  Α  Μ  Ω  Ι  Έ  Χ  Ρ  Σ  Ν  Α  Γ  Ι  Ή  Τ  Λ
```

ΑΡΧΙΤΕΚΤΟΝΙΚΉ	ΣΤΥΛΌ
ΚΑΛΛΙΤΈΧΝΗΣ	ΠΡΟΟΠΤΙΚΉ
ΓΛΥΠΤΙΚΉ	ΠΟΡΤΡΈΤΟ
ΚΑΒΑΛΈΤΟ	ΜΟΛΎΒΙ
ΤΑΙΝΊΑ	ΣΎΝΘΕΣΗ
ΦΩΤΟΓΡΑΦΊΑ	ΖΩΓΡΑΦΙΚΉ
ΚΆΡΒΟΥΝΟ	ΠΟΛΥΓΡΆΦΟ
ΚΕΡΑΜΙΚΉ	ΒΕΡΝΊΚΙ
ΚΙΜΩΛΊΑ	ΚΕΡΊ
ΑΡΙΣΤΟΎΡΓΗΜΑ	

48 - Mode

```
Σ  Ψ  Έ  Χ  Α  Μ  Η  Τ  Ν  Έ  Κ  Μ  Γ  Ε  Ε  Ε
Ψ  Ω  Υ  Χ  Ή  Κ  Ι  Χ  Ρ  Α  Δ  Ι  Ψ  Έ  Π  Λ
Ι  Ω  Ψ  Ή  Π  Ι  Ρ  Ρ  Έ  Μ  Μ  Ν  Ε  Β  Ι  Χ
Ω  Ξ  Μ  Κ  Ο  Ρ  Ί  Ι  Ο  Ι  Υ  Ι  Ο  Ρ  Α  Ε
Λ  Ι  Γ  Ι  Ν  Ά  Ο  Η  Β  Α  Α  Μ  Σ  Α  Φ  Ύ
Δ  Μ  Έ  Τ  Ρ  Ι  Ο  Σ  Π  Ά  Α  Α  Μ  Χ  Γ  Τ
Α  Γ  Έ  Κ  Έ  Π  Χ  Ά  Ι  Α  Λ  Λ  Τ  Ι  Ω  Ξ
Τ  Λ  Ψ  Α  Τ  Μ  Ά  Τ  Ρ  Γ  Ι  Ξ  Π  Γ  Δ
Υ  Έ  Τ  Ρ  Ν  Υ  Ν  Ν  Λ  Ω  Ή  Σ  Ό  Λ  Π  Α
Ο  Ί  Ι  Π  Ο  Ο  Ω  Π  Ε  Η  Χ  Τ  Μ  Τ  Υ  Λ
Υ  Φ  Ή  Υ  Μ  Κ  Έ  Έ  Ξ  Τ  Τ  Ι  Π  Ξ  Ν  Έ
Μ  Ο  Τ  Ί  Β  Ο  Ψ  Ό  Ψ  Μ  Ο  Κ  Ο  Α  Ο  Τ
Σ  Τ  Υ  Λ  Χ  Ν  Ί  Ρ  Β  Ν  Ί  Ό  Υ  Έ  Χ  Ν
Χ  Π  Λ  Ρ  Ω  Ί  Γ  Τ  Λ  Ι  Β  Ί  Τ  Β  Χ  Α
Ξ  Η  Ο  Α  Γ  Ι  Α  Μ  Ρ  Ρ  Έ  Τ  Ί  Β  Λ  Δ
Χ  Ψ  Ε  Ί  Π  Δ  Β  Ν  Ξ  Υ  Λ  Η  Κ  Ί  Ί  Β
```

ΜΈΤΡΙΟ   ΜΟΝΤΈΡΝΟ
ΠΡΟΣΙΤΉ   ΑΡΧΙΚΉ
ΚΈΝΤΗΜΑ   ΜΟΤΊΒΟ
ΆΝΕΤΟ   ΠΡΑΚΤΙΚΉ
ΑΚΡΙΒΆ   ΣΤΥΛ
ΑΠΛΌΣ   ΎΦΑΣΜΑ
ΚΟΜΨΌ   ΥΦΉ
ΔΑΝΤΈΛΑ   ΤΆΣΗ
ΚΟΥΜΠΙΆ   ΜΠΟΥΤΊΚ
ΜΙΝΙΜΑΛΙΣΤΙΚΌ

49 - Tuinieren

```
Κ Ο Π Ρ Ό Χ Ω Μ Α Ξ Π Ψ Σ Ε Ε Φ
Ί Ρ Ό Ω Ι Δ Λ Π Τ Ό Ε Τ Ω Π Ξ Ύ
Β Φ Ύ Λ Λ Ο Λ Β Μ Ο Ρ Α Λ Ν Ω Λ
Γ Ο Τ Έ Κ Υ Ο Π Μ Έ Ι Ε Ή Χ Τ Λ
Ε Ί Τ Ξ Ο Ί Γ Τ Η Η Β Ν Ν Γ Ι Ω
Υ Ε Β Α Μ Ι Σ Ώ Ρ Β Ό Τ Α Λ Κ Μ
Ξ Χ Χ Ρ Ν Ώ Ι Δ Υ Ο Λ Υ Ο Λ Ό Α
Ο Ο Η Λ Ω Ι Ρ Ψ Ψ Έ Ι Ο Ρ Ό Π Σ
Χ Δ Χ Τ Ν Μ Κ Ρ Ξ Ι Υ Τ Α Α Δ
Ψ Ν Ξ Ε Ρ Ψ Ι Ή Υ Χ Ξ Ψ Ν Τ Δ Ο
Χ Ω Λ Ε Π Ρ Ξ Ά Γ Χ Ι Ω Γ Δ Σ Γ
Ι Σ Χ Ο Ρ Ψ Ξ Λ Ρ Τ Ι Π Δ Δ Ρ Ξ
Ξ Η Δ Ν Ν Α Ξ Π Α Μ Ί Λ Κ Η Υ Ρ
Ε Ί Δ Ο Σ Τ Μ Γ Σ Ο Θ Ν Ά Γ Γ Γ
Ξ Ί Μ Ψ Ρ Έ Α Η Ί Ί Υ Υ Ο Σ Π Δ
Λ Ψ Μ Ί Γ Ο Ή Κ Α Ι Χ Ο Π Ε Ί Μ
```

ΦΎΛΛΟ	ΦΎΛΛΩΜΑ
ΛΟΥΛΟΥΔΙΏΝ	ΚΛΊΜΑ
ΆΝΘΟΣ	ΕΠΟΧΙΑΚΉ
ΜΠΟΥΚΈΤΟ	ΣΩΛΉΝΑ
ΠΕΡΙΒΌΛΙ	ΕΊΔΟΣ
ΒΟΤΑΝΙΚΉ	ΥΓΡΑΣΊΑ
ΚΟΠΡΌΧΩΜΑ	ΒΡΩΜΙΆ
ΔΟΧΕΊΟ	ΝΕΡΌ
ΒΡΏΣΙΜΑ	ΣΠΌΡΟΙ
ΕΞΩΤΙΚΌ	

50 - Menselijk Lichaam

```
Ω  Δ  Ω  Υ  Ρ  Α  Ε  Τ  Σ  Λ  Α  Ι  Μ  Ό  Σ  Β
Λ  Λ  Δ  Ν  Ρ  Ρ  Σ  Μ  Ν  Τ  Υ  Ω  Υ  Μ  Ο  Α
Μ  Τ  Ν  Ρ  Ι  Έ  Ν  Α  Β  Κ  Ο  Η  Γ  Σ  Μ  Ν
Α  Μ  Ρ  Έ  Δ  Μ  Ύ  Τ  Η  Ε  Χ  Μ  Τ  Υ  Ώ  Δ
Σ  Ψ  Σ  Τ  Ό  Γ  Η  Ξ  Τ  Φ  Ϊ  Ρ  Ά  Γ  Ε  Ά
Τ  Δ  Έ  Υ  Π  Λ  Η  Σ  Ο  Ά  Λ  Χ  Β  Χ  Χ  Χ
Ρ  Ρ  Ί  Υ  Ν  Ι  Χ  Ε  Η  Λ  Γ  Χ  Π  Ξ  Ι  Τ
Ά  Ε  Χ  Ο  Ψ  Ι  Α  Σ  Σ  Ι  Λ  Γ  Μ  Ο  Ν  Υ
Γ  Σ  Ι  Ν  Ι  Υ  Π  Η  Ω  Υ  Ώ  Ψ  Β  Η  Ό  Λ
Α  Τ  Α  Α  Ε  Ί  Υ  Χ  Ε  Τ  Σ  Υ  Υ  Α  Γ  Ο
Λ  Ό  Ρ  Ι  Α  Μ  Υ  Α  Λ  Ό  Σ  Χ  Ι  Γ  Α  Κ
Ο  Μ  Γ  Ό  Ν  Α  Τ  Ο  Ν  Λ  Α  Ε  Έ  Ψ  Σ  Α
Σ  Α  Γ  Ρ  Ι  Μ  Γ  Π  Μ  Ώ  Σ  Ε  Ι  Ρ  Η  Ρ
Ι  Λ  Χ  Μ  Ι  Ί  Τ  Υ  Α  Β  Κ  Γ  Η  Β  Ι  Δ
Ι  Ε  Ο  Ι  Ε  Α  Υ  Τ  Μ  Ω  Χ  Γ  Α  Ψ  Α  Ι
Π  Η  Γ  Ο  Ύ  Ν  Ι  Η  Δ  Α  Σ  Υ  Α  Χ  Α  Ά
```

ΠΌΔΙ	ΠΗΓΟΎΝΙ
ΑΊΜΑ	ΓΌΝΑΤΟ
ΑΓΚΏΝΑ	ΣΤΟΜΆΧΙ
ΑΣΤΡΆΓΑΛΟΣ	ΣΤΌΜΑ
ΧΈΡΙ	ΛΑΙΜΌΣ
ΚΑΡΔΙΆ	ΜΎΤΗ
ΜΥΑΛΌ	ΑΥΤΊ
ΚΕΦΆΛΙ	ΏΜΟΣ
ΔΈΡΜΑ	ΓΛΏΣΣΑ
ΣΑΓΌΝΙ	ΔΆΧΤΥΛΟ

51 - Energie

Υ	Ρ	Π	Ρ	Η	Ρ	Ν	Ψ	Λ	Ψ	Η	Ν	Ρ	Λ	Φ	Π
Ξ	Δ	Ύ	Έ	Ω	Β	Ω	Έ	Ε	Λ	Β	Ί	Μ	Ν	Ω	Ο
Ο	Ε	Ρ	Π	Π	Π	Έ	Σ	Ψ	Λ	Λ	Ε	Ζ	Ί	Τ	Ν
Μ	Ι	Β	Ο	Α	Ί	Ν	Α	Χ	Η	Μ	Ο	Ι	Β	Ό	Η
Ι	Η	Ί	Σ	Γ	Ν	Ω	Λ	Ί	Β	Ο	Ρ	Τ	Σ	Ν	Λ
Σ	Μ	Χ	Δ	Ψ	Ό	Σ	Α	Κ	Α	Ρ	Θ	Ν	Ά	Ι	Ε
Ύ	Ι	Δ	Α	Χ	Ω	Ν	Η	Η	Ί	Ζ	Ν	Ε	Β	Ο	Κ
Α	Σ	Η	Ί	Ν	Τ	Π	Ο	Η	Ρ	Π	Σ	Η	Ί	Τ	Τ
Κ	Ώ	Α	Π	Γ	Ή	Έ	Γ	Π	Α	Τ	Ο	Έ	Π	Ξ	Ρ
Χ	Ε	Τ	Ο	Υ	Τ	Α	Τ	Η	Τ	Ό	Μ	Ρ	Ε	Θ	Ι
Ε	Ν	Μ	Ρ	Μ	Π	Η	Μ	Δ	Α	Ρ	Ε	Μ	Α	Έ	Κ
Β	Α	Ο	Τ	Η	Έ	Έ	Λ	Ι	Π	Γ	Ν	Ω	Σ	Τ	Ή
Η	Ν	Ύ	Ν	Χ	Τ	Π	Μ	Η	Μ	Γ	Ά	Α	Ψ	Ι	Η
Π	Α	Ω	Ε	Π	Υ	Ρ	Η	Ν	Ι	Κ	Ή	Υ	Σ	Ο	Έ
Ξ	Ρ	Η	Μ	Η	Λ	Ε	Κ	Τ	Ρ	Ό	Ν	Ι	Ο	Ξ	Β
Π	Ε	Ρ	Ι	Β	Ά	Λ	Λ	Ο	Ν	Μ	Ξ	Β	Χ	Β	Ι

ΜΠΑΤΑΡΊΑ   ΆΝΘΡΑΚΑΣ
ΒΕΝΖΊΝΗ   ΜΗΧΑΝΉ
ΚΑΎΣΙΜΟ   ΠΥΡΗΝΙΚΉ
ΝΤΊΖΕΛ   ΠΕΡΙΒΆΛΛΟΝ
ΗΛΕΚΤΡΙΚΉ   ΑΤΜΟΎ
ΗΛΕΚΤΡΌΝΙΟ   ΣΤΡΟΒΊΛΩΝ
ΕΝΤΡΟΠΊΑ   ΡΎΠΑΝΣΗ
ΦΩΤΌΝΙΟ   ΘΕΡΜΌΤΗΤΑ
ΑΝΑΝΕΏΣΙΜΗ   ΥΔΡΟΓΌΝΟ
ΒΙΟΜΗΧΑΝΊΑ   ΆΝΕΜΟΣ

52 - Familie

```
Χ Ε Ρ Ο Μ Ν Γ Α Ί Α Κ Ί Α Ν Υ Γ
Δ Ι Τ Χ Ρ Ο Ι Ν Δ Δ Υ Ψ Μ Ε Ι Α
Θ Ε Ί Α Β Α Α Ι Π Ε Υ Γ Υ Ο Σ Δ
Ε Ί Γ Ε Ψ Δ Γ Ψ Γ Λ Ι Ί Δ Ρ Ξ Δ
Έ Ρ Γ Π Ο Σ Ι Ι Έ Φ Ψ Ρ Ί Υ Π Ρ
Μ Η Τ Έ Ρ Α Ά Ά Ν Ο Ι Λ Δ Ο Υ Ι
Ψ Ρ Π Α Τ Ρ Ι Κ Ή Σ Ύ Ο Π Π Α Π
Ο Ό Ω Σ Π Έ Σ Μ Φ Ο Ό Π Έ Χ Ξ Ρ
Ι Κ Σ Ί Α Τ Ί Β Λ Ί Ν Α Ι Γ Χ
Ω Ν Σ Ο Έ Α Ρ Η Ε Ε Α Χ Ο Ι Δ Η
Λ Π Ό Χ Ω Π Ω Γ Δ Θ Ξ Έ Ν Γ Δ Λ
Π Ρ Ό Γ Ο Ν Ο Σ Α Α Β Ω Ξ Ί Γ Ί
Σ Ύ Ζ Υ Γ Ο Σ Α Ν Ι Ψ Ι Ό Σ Ξ Ε
Ρ Ι Π Έ Δ Ε Β Σ Σ Μ Β Ω Σ Α Σ Ρ
Ί Υ Ν Ρ Χ Γ Ί Σ Τ Χ Ν Λ Β Ε Π Τ
Χ Α Α Σ Υ Η Σ Η Ι Η Ε Χ Π Γ Υ Ί
```

ΑΔΕΛΦΟΣ	ΘΕΊΟΣ
ΚΌΡΗ	ΠΑΠΠΟΎΣ
ΓΙΑΓΙΆ	ΘΕΊΑ
ΠΑΙΔΊ	ΔΊΔΥΜΑ
ΕΓΓΌΝΙ	ΠΑΤΈΡΑΣ
ΕΓΓΟΝΌΣ	ΠΑΤΡΙΚΉ
ΣΎΖΥΓΟΣ	ΠΡΌΓΟΝΟΣ
ΜΗΤΈΡΑ	ΓΥΝΑΊΚΑ
ΑΝΙΨΙΌΣ	ΑΔΕΛΦΉ
ΑΝΙΨΙΆ	

53 - Gebouwen

```
Η  Ε  Π  Μ  Ά  Ρ  Κ  Ε  Τ  Ο  Ν  Ή  Λ  Ξ  Π  Ν
Μ  Υ  Ύ  Ξ  Η  Β  Α  Χ  Υ  Ρ  Ώ  Ν  Α  Μ  Α  Ο
Ζ  Ά  Ρ  Α  Κ  Γ  Ξ  Τ  Υ  Τ  Ί  Η  Υ  Π  Ρ  Σ
Ο  Χ  Γ  Ο  Υ  Ι  Σ  Ί  Ξ  Α  Έ  Κ  Ε  Ο  Α  Ο
Έ  Ί  Ο  Π  Δ  Λ  Ψ  Σ  Λ  Έ  Ν  Σ  Μ  Ι  Τ  Κ
Σ  Ψ  Σ  Ρ  Β  Ι  Γ  Γ  Ο  Θ  Ν  Λ  Χ  Μ  Η  Ο
Ί  Χ  Ω  Ε  Δ  Α  Α  Ρ  Σ  Λ  Ε  Ο  Λ  Ή  Ρ  Μ
Τ  Ξ  Μ  Σ  Ψ  Ξ  Α  Μ  Υ  Ω  Η  Ι  Π  Τ  Η  Ε
Έ  Σ  Δ  Β  Ψ  Ν  Β  Δ  Έ  Έ  Σ  Ρ  Σ  Σ  Τ  Ί
Ω  Ο  Ί  Ε  Λ  Ο  Χ  Σ  Μ  Ρ  Ν  Ή  Γ  Ι  Ή  Ο
Ω  Ι  Ο  Ί  Ε  Σ  Υ  Ο  Μ  Λ  Ι  Τ  Ε  Π  Ρ  Ί
Ο  Ψ  Λ  Α  Κ  Α  Μ  Π  Ί  Ν  Α  Σ  Χ  Ε  Ι  Δ
Ξ  Ε  Ν  Ο  Δ  Ο  Χ  Ε  Ί  Ο  Η  Α  Μ  Ν  Ο  Ν
Α  Γ  Ρ  Ό  Κ  Τ  Η  Μ  Α  Έ  Δ  Γ  Ο  Α  Μ  Ί
Ε  Ρ  Γ  Ο  Σ  Τ  Ά  Σ  Ι  Ο  Χ  Ρ  Σ  Π  Ε  Έ
Κ  Ά  Σ  Τ  Ρ  Ο  Ι  Δ  Ά  Τ  Σ  Ε  Β  Ο  Τ  Ο
```

ΠΡΕΣΒΕΊΑ	ΠΑΡΑΤΗΡΗΤΉΡΙΟ
ΔΙΑΜΈΡΙΣΜΑ	ΣΧΟΛΕΊΟ
ΑΓΡΌΚΤΗΜΑ	ΑΧΥΡΏΝΑ
ΚΑΜΠΊΝΑ	ΣΤΆΔΙΟ
ΕΡΓΟΣΤΆΣΙΟ	ΜΆΡΚΕΤ
ΓΚΑΡΆΖ	ΣΚΗΝΉ
ΞΕΝΟΔΟΧΕΊΟ	ΘΈΑΤΡΟ
ΚΆΣΤΡΟ	ΠΎΡΓΟΣ
ΕΡΓΑΣΤΉΡΙΟ	ΠΑΝΕΠΙΣΤΉΜΙΟ
ΜΟΥΣΕΊΟ	ΝΟΣΟΚΟΜΕΊΟ

54 - Beroepen #1

Ε	Ε	Π	Ι	Σ	Τ	Ή	Μ	Ο	Ν	Α	Σ	Π	Γ	Φ	Π
Ε	Π	Ί	Χ	Ω	Ι	Ψ	Ω	Ω	Τ	Υ	Ξ	Ι	Ε	Α	Ρ
Ο	Υ	Ε	Ι	Β	Ο	Ω	Ι	Σ	Λ	Η	Ω	Α	Ω	Ρ	Έ
Κ	Τ	Ν	Ξ	Β	Σ	Ή	Τ	Η	Λ	Θ	Α	Ν	Λ	Μ	Σ
Υ	Ρ	Λ	Ρ	Ε	Ο	Σ	Ν	Τ	Ί	Σ	Μ	Ί	Ό	Α	Β
Ν	Α	Σ	Χ	Σ	Ρ	Ο	Δ	Σ	Β	Ό	Ό	Σ	Γ	Κ	Η
Η	Π	Ο	Ρ	Σ	Τ	Γ	Ξ	Έ	Σ	Κ	Κ	Τ	Ο	Ο	Σ
Γ	Ε	Ρ	Η	Β	Α	Ό	Α	Β	Β	Ι	Ο	Α	Σ	Π	Ή
Ό	Ζ	Ό	Ψ	Σ	Ί	Λ	Υ	Σ	Ξ	Λ	Σ	Σ	Ό	Ο	Τ
Σ	Ί	Γ	Π	Χ	Ν	Ο	Ο	Ο	Ί	Υ	Ο	Ο	Κ	Ι	Υ
Δ	Τ	Η	Λ	Ο	Η	Χ	Ε	Ρ	Η	Α	Ν	Ν	Ι	Ό	Ε
Ρ	Η	Κ	Ο	Γ	Τ	Υ	Ρ	Υ	Α	Ρ	Υ	Λ	Σ	Σ	Ρ
Έ	Σ	Ι	Ρ	Ι	Κ	Ψ	Υ	Π	Τ	Δ	Τ	Λ	Υ	Γ	Ο
Δ	Ι	Δ	Ά	Κ	Τ	Ω	Ρ	Έ	Α	Υ	Ι	Δ	Ο	Ν	Χ
Α	Σ	Τ	Ρ	Ο	Ν	Ό	Μ	Ο	Σ	Ε	Ψ	Ν	Μ	Δ	Ρ
Ξ	Ι	Χ	Α	Ρ	Τ	Ο	Γ	Ρ	Ά	Φ	Ο	Σ	Γ	Π	Έ

ΔΙΚΗΓΌΡΟΣ   ΔΙΔΆΚΤΩΡ
ΠΡΈΣΒΗΣ   ΕΠΕΞΕΡΓΑΣΊΑ
ΦΑΡΜΑΚΟΠΟΙΌΣ   ΓΕΩΛΌΓΟΣ
ΑΣΤΡΟΝΌΜΟΣ   ΚΥΝΗΓΌΣ
ΑΘΛΗΤΉΣ   ΥΔΡΑΥΛΙΚΌΣ
ΤΡΑΠΕΖΊΤΗΣ   ΜΟΥΣΙΚΌΣ
ΠΥΡΟΣΒΈΣΤΗΣ   ΠΙΑΝΊΣΤΑΣ
ΧΑΡΤΟΓΡΆΦΟΣ   ΨΥΧΟΛΌΓΟΣ
ΧΟΡΕΥΤΉΣ   ΝΟΣΟΚΌΜΑ
ΚΤΗΝΊΑΤΡΟΣ   ΕΠΙΣΤΉΜΟΝΑΣ

55 - Antarctica

Χ	Ή	Π	Γ	Υ	Δ	Ρ	Ο	Ψ	Τ	Ν	Δ	Π	Ψ	Ν	Ε
Ε	Π	Ά	Ε	Α	Ο	Ρ	Υ	Κ	Τ	Ά	Ι	Ε	Σ	Η	Κ
Ρ	Ε	Γ	Ω	Ί	Π	Σ	Η	Δ	Ώ	Χ	Α	Ρ	Β	Σ	Δ
Σ	Ι	Ο	Γ	Φ	Λ	Ξ	Έ	Λ	Ι	Σ	Τ	Ι	Ι	Ι	Ρ
Ό	Ρ	Σ	Ρ	Α	Ό	Ε	Δ	Ι	Ι	Ή	Β	Υ	Ά	Ο
Ν	Ο	Ο	Α	Ρ	Κ	Η	Ρ	Π	Σ	Π	Ρ	Ά	Ο	Μ	Μ
Η	Σ	Δ	Φ	Γ	Τ	Ν	Α	Ε	Ε	Α	Η	Λ	Ξ	Τ	Ή
Σ	Λ	Ί	Ί	Ο	Ο	Ε	Ν	Ε	Υ	Μ	Σ	Λ	Υ	Χ	Σ
Ο	Μ	Ε	Α	Π	Ω	Μ	Α	Τ	Η	Ν	Η	Ο	Ψ	Α	Ύ
Θ	Ε	Ρ	Μ	Ο	Κ	Ρ	Α	Σ	Ί	Α	Η	Ν	Ψ	Έ	Ν
Ν	Σ	Π	Ί	Τ	Ω	Π	Έ	Χ	Ω	Π	Δ	Τ	Δ	Χ	Ν
Ε	Μ	Ε	Τ	Α	Ν	Ά	Σ	Τ	Ε	Υ	Σ	Η	Ή	Ο	Ε
Ρ	Ε	Π	Ι	Σ	Τ	Η	Μ	Ο	Ν	Ι	Κ	Ή	Υ	Σ	Φ
Ό	Ξ	Χ	Π	Β	Υ	Β	Υ	Ξ	Ε	Σ	Λ	Ν	Έ	Ι	Α
Π	Ι	Γ	Κ	Ο	Υ	Ί	Ν	Ο	Ι	Ν	Α	Γ	Ι	Μ	Ί
Ξ	Ε	Ε	Λ	Τ	Ί	Ψ	Ε	Ω	Υ	Χ	Ί	Μ	Ε	Τ	Β

ΚΌΛΠΟ
ΔΙΑΤΉΡΗΣΗ
ΉΠΕΙΡΟΣ
ΝΗΣΙΆ
ΕΚΔΡΟΜΉ
ΓΕΩΓΡΑΦΊΑ
ΠΆΓΟΣ
ΜΕΤΑΝΆΣΤΕΥΣΗ
ΟΡΥΚΤΆ
ΠΕΡΙΒΆΛΛΟΝ

ΕΡΕΥΝΗΤΉΣ
ΠΙΓΚΟΥΊΝΟΙ
ΒΡΑΧΏΔΗΣ
ΧΕΡΣΌΝΗΣΟ
ΕΊΔΟΣ
ΘΕΡΜΟΚΡΑΣΊΑ
ΤΟΠΟΓΡΑΦΊΑ
ΝΕΡΌ
ΕΠΙΣΤΗΜΟΝΙΚΉ
ΣΎΝΝΕΦΑ

56 - Ballet

```
Χ Μ Π Α Λ Α Ρ Ί Ν Α Ν Υ Α Α Χ Δ
Ί Ε Ι Α Τ Η Τ Ό Ι Ξ Ε Δ Ι Π Ε Ψ
Α Γ Ι Λ Ξ Χ Α Μ Β Ψ Έ Γ Ο Υ Ι Χ
Β Ο Α Ρ Τ Σ Ή Χ Ρ Ο Π Χ Η Λ Ρ Μ
Ά Δ Ί Ω Ο Ψ Ι Π Χ Ή Κ Ι Σ Υ Ο Μ
Χ Σ Μ Ί Λ Ν Π Μ Ω Η Σ Χ Α Τ Κ Α
Α Δ Κ Λ Ό Υ Ο Χ Χ Ξ Υ Ο Τ Σ Ρ Κ
Ί Σ Ξ Η Σ Ε Τ Μ Σ Ω Ν Ρ Ν Λ Ό Ρ
Φ Τ Δ Ψ Σ Η Ε Γ Ί Ί Θ Ε Έ Π Τ Ο
Α Μ Ι Δ Α Η Χ Ί Ο Α Έ Υ Β Δ Η Α
Ρ Υ Θ Μ Ο Ύ Ν Γ Δ Β Τ Τ Λ Π Μ Τ
Γ Ε Γ Π Ψ Ψ Ι Ψ Ω Ό Η Ε Ί Ί Α Ή
Ο Σ Ρ Τ Έ Υ Κ Π Σ Ρ Χ Σ Λ Α Τ Ρ
Ρ Χ Ξ Ο Ξ Ω Ή Υ Ρ Π Ρ Α Ξ Ί Ξ Ι
Ο Χ Ψ Κ Α Λ Λ Ι Τ Ε Χ Ν Ι Κ Ή Ο
Χ Ε Κ Φ Ρ Α Σ Τ Ι Κ Ή Γ Ν Έ Η Ω
```

ΧΕΙΡΟΚΡΌΤΗΜΑ	ΟΡΧΉΣΤΡΑ
ΚΑΛΛΙΤΕΧΝΙΚΉ	ΆΣΚΗΣΗ
ΜΠΑΛΑΡΊΝΑ	ΑΚΡΟΑΤΉΡΙΟ
ΧΟΡΟΓΡΑΦΊΑ	ΠΡΌΒΑ
ΣΥΝΘΈΤΗ	ΡΥΘΜΟΎ
ΧΟΡΕΥΤΕΣ	ΣΌΛΟ
ΕΚΦΡΑΣΤΙΚΉ	ΣΤΥΛ
ΧΕΙΡΟΝΟΜΊΑ	ΤΕΧΝΙΚΉ
ΈΝΤΑΣΗ	ΕΠΙΔΕΞΙΌΤΗΤΑ
ΜΟΥΣΙΚΉ	

57 - Vissen

```
Ω  Β  Ή  Λ  Ο  Β  Ρ  Ε  Π  Υ  Ξ  Έ  Β  Η  Β  Π
Π  Ν  Ν  Ι  Δ  Ά  Ο  Η  Σ  Β  Η  Π  Ξ  Ψ  Ο
Τ  Υ  Ο  Ω  Ί  Ρ  Έ  Ρ  Ψ  Ό  Ρ  Ε  Ν  Α  Ί  Τ
Ε  Ο  Μ  Υ  Χ  Ο  Τ  Τ  Κ  Ν  Τ  Χ  Ί  Η  Ε  Α
Ρ  Κ  Ο  Ω  Π  Μ  Η  Σ  Δ  Α  Ε  Π  Ο  Χ  Ή  Μ
Ύ  Α  Π  Χ  Ε  Ξ  Τ  Ι  Α  Ε  Μ  Υ  Μ  Σ  Α  Ό
Γ  Λ  Υ  Δ  Λ  Ί  Ω  Κ  Ν  Κ  Ω  Ρ  Ε  Ό  Α  Σ
Ι  Ά  Έ  Υ  Σ  Ω  Ν  Γ  Λ  Ω  Έ  Τ  Ύ  Μ  Α  Π
Α  Θ  Ε  Μ  Ψ  Ν  Β  Ά  Ν  Ζ  Ε  Ξ  Δ  Σ  Β  Λ
Β  Ι  Δ  Ό  Λ  Ω  Μ  Α  Β  Ί  Ω  Λ  Ι  Ι  Ί  Χ
Ί  Ρ  Ε  Η  Τ  Ψ  Ί  Ί  Π  Γ  Σ  Ο  Τ  Λ  Ι  Β
Υ  Χ  Ά  Ψ  Α  Ψ  Ι  Λ  Ω  Υ  Π  Ο  Μ  Π  Ι  Ν
Ι  Ν  Ό  Γ  Α  Σ  Γ  Α  Ξ  Ζ  Ω  Η  Η  Ο  Έ  Η
Χ  Ψ  Τ  Α  Χ  Ί  Έ  Ρ  Σ  Υ  Ο  Μ  Η  Ξ  Ξ  Η
Η  Π  Η  Ξ  Σ  Ι  Γ  Α  Τ  Ο  Ι  Μ  Ρ  Ε  Π  Η
Έ  Ί  Υ  Ψ  Σ  Ξ  Α  Π  Υ  Ξ  Ο  Λ  Ί  Μ  Ν  Η
```

ΔΌΛΩΜΑ	ΚΑΛΆΘΙ
ΕΞΟΠΛΙΣΜΌΣ	ΛΊΜΝΗ
ΒΆΡΚΑ	ΩΚΕΑΝΌΣ
ΣΎΡΜΑ	ΥΠΕΡΒΟΛΉ
ΥΠΟΜΟΝΉ	ΠΟΤΑΜΌΣ
ΖΥΓΊΖΩ	ΕΠΟΧΉ
ΆΓΚΙΣΤΡΟ	ΠΑΡΑΛΊΑ
ΣΑΓΌΝΙ	ΠΤΕΡΎΓΙΑ
ΒΡΆΓΧΙΑ	ΝΕΡΌ

58 - Fruit

Π	Μ	Α	Σ	Ο	Ο	Γ	Ι	Ν	Ό	Μ	Ε	Λ	Β	Π	Δ
Ε	Β	Π	Ν	Υ	Τ	Γ	Η	Ε	Ο	Β	Δ	Μ	Ε	Ρ	Α
Π	Ι	Χ	Α	Α	Ε	Έ	Ο	Κ	Γ	Ν	Ά	Μ	Ρ	Α	Μ
Ό	Λ	Τ	Δ	Ν	Ν	Ο	Λ	Τ	Η	Ξ	Α	Λ	Ί	Κ	Ά
Ν	Ο	Ρ	Ύ	Τ	Ά	Ά	Ή	Α	Ρ	Τ	Μ	Ν	Κ	Τ	Σ
Ι	Ο	Ξ	Ρ	Δ	Ε	Ν	Μ	Ρ	Γ	Τ	Έ	Ο	Ο	Ι	Κ
Ε	Ί	Τ	Α	Δ	Δ	Έ	Α	Ί	Μ	Ρ	Π	Ρ	Κ	Ν	Η
Λ	Η	Ί	Κ	Ο	Π	Χ	Ψ	Ν	Ο	Ο	Β	Υ	Ο	Ί	Ν
Σ	Τ	Α	Φ	Ύ	Λ	Ι	Π	Ι	Ύ	Τ	Χ	Ο	Π	Δ	Ο
Π	Α	Π	Ά	Γ	Ι	Α	Γ	Δ	Ρ	Ν	Ω	Μ	Ψ	Ι	Ω
Ν	Δ	Η	Σ	Π	Ν	Δ	Υ	Ά	Ο	Ά	Τ	Ό	Ι	Ο	Ω
Μ	Γ	Π	Τ	Ξ	Η	Έ	Ι	Λ	Ά	Κ	Ο	Τ	Ρ	Ο	Π
Ρ	Ο	Δ	Ά	Κ	Ι	Ν	Ο	Χ	Η	Ο	Τ	Α	Ω	Μ	Β
Κ	Ε	Ρ	Ά	Σ	Ι	Ξ	Ψ	Α	Λ	Β	Π	Β	Χ	Έ	Ρ
Ί	Λ	Υ	Ί	Υ	Δ	Ψ	Χ	Ξ	Α	Έ	Ν	Ε	Μ	Π	
Ι	Η	Σ	Σ	Ψ	Α	Χ	Ί	Β	Δ	Ρ	Γ	Μ	Π	Ε	Ρ

ΒΕΡΊΚΟΚΟ	ΑΚΤΙΝΊΔΙΟ
ΑΝΑΝΆ	ΚΑΡΎΔΑ
ΜΉΛΟ	ΜΆΝΓΚΟ
ΑΒΟΚΆΝΤΟ	ΠΕΠΌΝΙ
ΜΠΑΝΆΝΑ	ΝΕΚΤΑΡΊΝΙ
ΜΟΎΡΟ	ΠΟΡΤΟΚΆΛΙ
ΛΕΜΌΝΙ	ΠΑΠΆΓΙΑ
ΣΤΑΦΎΛΙ	ΑΧΛΆΔΙ
ΒΑΤΌΜΟΥΡΟ	ΡΟΔΆΚΙΝΟ
ΚΕΡΆΣΙ	ΔΑΜΆΣΚΗΝΟ

59 - Engineering

Ά	Υ	Ψ	Δ	Γ	Μ	Σ	Ε	Ρ	Ψ	Σ	Ξ	Σ	Λ	Ψ	Σ
Ί	Ξ	Π	Ε	Ρ	Ι	Σ	Τ	Ρ	Ο	Φ	Ή	Β	Ι	Ρ	Τ
Ί	Ψ	Ο	Δ	Ι	Α	Ν	Ο	Μ	Ή	Ν	Α	Χ	Η	Μ	Α
Ι	Α	Υ	Ν	Υ	Γ	Ρ	Ό	Χ	Η	Μ	Ψ	Λ	Μ	Υ	Θ
Ρ	Β	Ε	Ξ	Α	Η	Σ	Η	Ρ	Τ	Έ	Μ	Η	Ν	Π	Ε
Δ	Έ	Α	Ε	Χ	Σ	Ο	Δ	Ο	Ε	Γ	Μ	Τ	Ν	Ο	Ρ
Κ	Ι	Α	Η	Σ	Η	Θ	Ώ	Ρ	Δ	Ψ	Ί	Σ	Τ	Λ	Ό
Μ	Α	Ά	Τ	Ξ	Ν	Ά	Δ	Ύ	Ν	Α	Μ	Η	Ί	Ο	Τ
Λ	Μ	Τ	Μ	Ρ	Ί	Β	Π	Ω	Β	Ι	Ν	Ι	Ζ	Γ	Η
Ο	Μ	Δ	Α	Ε	Κ	Α	Ω	Ε	Έ	Ε	Λ	Ε	Ε	Ι	Τ
Μ	Α	Υ	Η	Σ	Τ	Ρ	Χ	Α	Ψ	Γ	Ο	Γ	Λ	Σ	Α
Ν	Ρ	Α	Ι	Δ	Κ	Ρ	Ί	Α	Χ	Ρ	Λ	Τ	Ι	Μ	Ω
Π	Γ	Μ	Ν	Ο	Σ	Ε	Ο	Ξ	Η	Έ	Ψ	Δ	Ε	Ό	Π
Μ	Ά	Χ	Ι	Μ	Τ	Γ	Υ	Σ	Ν	Ν	Λ	Ξ	Ι	Σ	Ε
Έ	Ι	Α	Γ	Ή	Ξ	Ε	Ν	Ή	Α	Ε	Γ	Ω	Ν	Ί	Α
Β	Δ	Γ	Μ	Τ	Υ	Η	Έ	Γ	Τ	Ξ	Ο	Ι	Υ	Ξ	Α

ΆΞΟΝΑΣ
ΥΠΟΛΟΓΙΣΜΌΣ
ΚΊΝΗΣΗ
ΚΑΤΑΣΚΕΥΉ
ΔΙΆΓΡΑΜΜΑ
ΔΙΆΜΕΤΡΟΣ
ΒΆΘΟΣ
ΝΤΊΖΕΛ
ΔΙΑΝΟΜΉ
ΕΝΈΡΓΕΙΑ

ΓΩΝΊΑ
ΔΎΝΑΜΗ
ΜΗΧΑΝΉ
ΜΈΤΡΗΣΗ
ΠΕΡΙΣΤΡΟΦΉ
ΣΤΑΘΕΡΌΤΗΤΑ
ΔΟΜΉ
ΥΓΡΌ
ΏΘΗΣΗ
ΤΡΙΒΉ

60 - Literatuur

```
Φ Δ Ψ Μ Ν Μ Π Α Ί Δ Ω Γ Α Ρ Τ Α
Α Ι Υ Υ Η Ε Ε Ί Α Ρ Ί Ο Μ Ο Ί Ν
Ν Ά Μ Θ Λ Σ Ρ Φ Έ Ν Δ Χ Έ Η Ι Ά
Τ Λ Γ Ι Π Α Ι Α Α Σ Έ Ρ Θ Έ Χ Λ
Α Ο Ί Σ Ί Έ Γ Ρ Χ Ο Η Κ Έ Ο Ί Υ
Σ Γ Ί Τ Ί Φ Ρ Γ Κ Ε Ν Ρ Δ Ψ Α Σ
Ί Ο Σ Ό Σ Α Α Ο Μ Γ Ξ Μ Ξ Ο Ν Η
Α Σ Υ Ρ Τ Ρ Φ Ι Ε Α Ύ Υ Λ Τ Τ Γ
Ί Ι Μ Η Υ Γ Ή Β Τ Φ Ο Σ Χ Υ Ψ Ο
Γ Ξ Π Μ Λ Γ Κ Έ Α Η Μ Γ Ν Ώ Μ Η
Ο Ι Έ Α Β Υ Ι Χ Φ Γ Θ Ο Ί Ρ Υ Π
Λ Α Ρ Μ Π Σ Τ Υ Ο Η Υ Ρ Χ Σ Α Γ
Α Η Α Η Σ Ε Η Μ Ρ Τ Ρ Γ Υ Η Ο Δ
Ν Ψ Σ Ί Ε Η Ι Μ Ά Ή Ω Ν Α Ί Έ Ν
Α Σ Μ Ο Έ Έ Ο Π Χ Σ Ι Ε Η Β Χ Ί
Τ Δ Α Π Π Υ Π Ν Ο Τ Β Μ Ε Μ Ρ Β
```

ΑΝΑΛΟΓΊΑ	ΜΕΤΑΦΟΡΆ
ΑΝΆΛΥΣΗ	ΠΕΡΙΓΡΑΦΉ
ΑΝΈΚΔΟΤΟ	ΠΟΙΗΤΙΚΉ
ΣΥΓΓΡΑΦΈΑΣ	ΡΥΘΜΟΎ
ΒΙΟΓΡΑΦΊΑ	ΜΥΘΙΣΤΌΡΗΜΑ
ΣΥΜΠΈΡΑΣΜΑ	ΣΤΥΛ
ΔΙΆΛΟΓΟΣ	ΘΈΜΑ
ΦΑΝΤΑΣΊΑ	ΤΡΑΓΩΔΊΑ
ΠΟΊΗΜΑ	ΣΎΓΚΡΙΣΗ
ΓΝΏΜΗ	ΑΦΗΓΗΤΉΣ

61 - Boeken

Ε	Ί	Ρ	Ρ	Λ	Γ	Ψ	Υ	Ι	Ω	Ρ	Η	Χ	Δ	Ψ	Ξ
Δ	Π	Μ	Ψ	Ν	Ρ	Σ	Γ	Β	Η	Υ	Γ	Ι	Ξ	Τ	Ι
Υ	Ν	Ι	Ί	Τ	Α	Τ	Β	Σ	Α	Α	Α	Ο	Ε	Ν	Ρ
Α	Π	Ε	Κ	Γ	Π	Μ	Β	Χ	Π	Δ	Ι	Υ	Ι	Ξ	Τ
Δ	Μ	Ο	Φ	Ή	Τ	Δ	Λ	Τ	Α	Ε	Μ	Ψ	Χ	Ω
Ι	Υ	Σ	Ί	Ε	Ή	Κ	Ι	Ν	Χ	Ε	Τ	Ο	Γ	Ο	Λ
Κ	Θ	Π	Τ	Η	Υ	Σ	Έ	Β	Ι	Α	Έ	Ρ	Α	Ψ	Σ
Ό	Ι	Γ	Α	Ξ	Σ	Ρ	Χ	Π	Ξ	Ί	Π	Ι	Ι	Ω	Υ
Τ	Σ	Υ	Λ	Ξ	Έ	Η	Ε	Ψ	Ή	Σ	Ι	Σ	Σ	Ω	Λ
Η	Τ	Σ	Ε	Λ	Ί	Δ	Α	Τ	Κ	Δ	Ρ	Τ	Τ	Π	Λ
Τ	Ό	Σ	Χ	Ε	Τ	Ι	Κ	Ή	Ι	Ι	Ε	Ι	Ο	Ο	Ο
Α	Ρ	Β	Γ	Δ	Α	Έ	Γ	Α	Γ	Κ	Π	Κ	Ρ	Ί	Γ
Ξ	Η	Π	Λ	Α	Ί	Σ	Ι	Ο	Α	Α	Ή	Ό	Ί	Η	Ή
Η	Μ	Ξ	Ο	Υ	Ι	Σ	Τ	Ο	Ρ	Ι	Κ	Ό	Α	Μ	Ι
Β	Α	Ι	Η	Υ	Έ	Η	Π	Γ	Τ	Ι	Ε	Σ	Ξ	Α	Ψ
Ρ	Ι	Ο	Δ	Σ	Σ	Υ	Γ	Γ	Ρ	Α	Φ	Έ	Α	Σ	Έ

ΣΥΓΓΡΑΦΈΑΣ
ΠΕΡΙΠΈΤΕΙΑ
ΣΕΛΊΔΑ
ΣΥΛΛΟΓΉ
ΠΛΑΊΣΙΟ
ΔΥΑΔΙΚΌΤΗΤΑ
ΕΠΙΚΉ
ΠΟΊΗΜΑ
ΓΡΑΠΤΉ

ΙΣΤΟΡΙΚΌ
ΧΙΟΥΜΟΡΙΣΤΙΚΌ
ΕΦΕΥΡΕΤΙΚΉ
ΛΟΓΟΤΕΧΝΙΚΉ
ΠΟΊΗΣΗ
ΣΧΕΤΙΚΉ
ΜΥΘΙΣΤΌΡΗΜΑ
ΤΡΑΓΙΚΉ
ΙΣΤΟΡΊΑ

62 - Meer Informatie

```
Ε  Δ  Ψ  Έ  Φ  Ω  Τ  Ε  Ί  Μ  Ξ  Ί  Ρ  Μ  Γ  Χ
Ρ  Ε  Ε  Ω  Ο  Ι  Ρ  Ά  Ν  Ε  Σ  Ρ  Ε  Α  Α  Β
Α  Μ  Υ  Χ  Υ  Β  Ι  Β  Λ  Ι  Α  Σ  Α  Ν  Λ  Ί
Ρ  Τ  Δ  Ε  Τ  Σ  Έ  Κ  Ρ  Η  Ξ  Η  Λ  Τ  Α  Ι
Ν  Ξ  Α  Λ  Ο  Η  Ο  Γ  Ο  Γ  Β  Τ  Ι  Ε  Ξ  Ω
Έ  Ω  Ί  Δ  Υ  Δ  Ε  Έ  Ό  Σ  Τ  Ν  Ή  Σ  Ί  Ε
Σ  Ψ  Σ  Ι  Ρ  Ώ  Υ  Υ  Κ  Α  Υ  Ν  Τ  Ο  Α  Ί
Ο  Α  Θ  Ο  Ι  Ι  Ε  Σ  Ι  Ί  Ν  Α  Ι  Ι  Σ  Ξ
Γ  Μ  Η  Γ  Σ  Ρ  Β  Β  Τ  Γ  Α  Λ  Κ  Η  Ο  Α
Χ  Λ  Σ  Μ  Τ  Η  Τ  Ρ  Σ  Ο  Ί  Π  Ή  Ρ  Χ  Δ
Δ  Η  Η  Ρ  Ι  Τ  Η  Ρ  Α  Λ  Π  Ά  Ι  Τ  Ω  Φ
Σ  Τ  Μ  Τ  Κ  Σ  Λ  Ο  Τ  Ο  Ο  Ί  Κ  Ν  Τ  Γ
Ο  Η  Ι  Ι  Ό  Υ  Γ  Μ  Ν  Ν  Τ  Λ  Α  Ρ  Ρ  Ρ
Η  Δ  Μ  Ο  Κ  Μ  Ε  Π  Α  Χ  Υ  Ω  Ι  Ξ  Ο  Έ
Κ  Ό  Σ  Μ  Ο  Η  Ν  Ό  Φ  Ε  Ο  Ι  Ν  Ρ  Ί  Ψ
Δ  Ο  Ό  Κ  Ι  Μ  Ο  Τ  Α  Τ  Ρ  Β  Ι  Ι  Ρ  Ψ
```

ΑΤΟΜΙΚΌ   ΜΥΣΤΗΡΙΏΔΗΣ
ΒΙΒΛΙΑ   ΜΑΝΤΕΊΟ
ΦΩΤΙΆ   ΠΛΑΝΉΤΗΣ
ΧΗΜΙΚΉ   ΡΕΑΛΙΣΤΙΚΉ
ΦΑΝΤΑΣΤΙΚΌ   ΡΟΜΠΌΤ
ΔΥΣΤΟΠΊΑ   ΣΕΝΆΡΙΟ
ΈΚΡΗΞΗ   ΓΑΛΑΞΊΑΣ
ΆΚΡΟ   ΤΕΧΝΟΛΟΓΊΑ
ΦΟΥΤΟΥΡΙΣΤΙΚΌ ΟΥΤΟΠΊΑ
ΨΕΥΔΑΊΣΘΗΣΗ   ΚΌΣΜΟ

63 - Regenwoud

Έ Έ Δ Ο Α Τ Η Τ Ό Ν Ι Ο Κ Τ Α Θ
Η Ν Υ Χ Ύ Ξ Σ Ύ Ν Ν Ε Φ Α Υ Π Η
Ψ Λ Τ Ρ Ρ Ε Η Ο Γ Σ Υ Β Μ Λ Ο Λ
Τ Ί Ψ Ο Β Μ Ρ Γ Δ Β Τ Ξ Ι Η Κ Α
Ί Ψ Β Έ Μ Τ Ή Υ Ν Ί Ρ Χ Τ Η Α Σ
Ε Ψ Ί Α Π Α Τ Σ Η Ω Ε Χ Ύ Τ Τ Τ
Δ Δ Ξ Χ Η Ι Α Μ Ο Β Έ Σ Λ Π Ά Ι
Ψ Μ Ρ Γ Β Δ Ι Ω Ι Ε Ω Σ Ο Ο Σ Κ
Κ Λ Ί Μ Α Η Δ Ε Λ Ί Ι Α Π Ι Τ Ά
Β Ο Τ Α Ν Ι Κ Ή Π Ν Γ Ε Δ Κ Α Σ
Ε Ο Μ Ι Σ Η Β Β Ψ Ι Τ Χ Έ Ι Σ Λ
Β Ν Γ Β Μ Β Α Τ Β Ν Β Σ Α Λ Η Τ
Ξ Μ Η Ί Μ Α Ο Β Π Χ Α Ί Η Ί Σ Ί
Ί Ι Μ Φ Γ Π Ο Υ Λ Ι Ά Π Ω Α Ύ Β
Μ Ι Μ Μ Κ Α Τ Α Φ Ύ Γ Ι Ο Σ Φ Π
Ι Ι Έ Α Λ Κ Γ Ύ Ο Ζ Ψ Έ Μ Ι Η Γ

ΑΜΦΊΒΙΑ	ΕΠΙΒΊΩΣΗ
ΔΙΑΤΉΡΗΣΗ	ΣΈΒΟΜΑΙ
ΒΟΤΑΝΙΚΉ	ΑΠΟΚΑΤΆΣΤΑΣΗ
ΠΟΙΚΙΛΊΑ	ΕΊΔΟΣ
ΚΟΙΝΌΤΗΤΑ	ΚΑΤΑΦΎΓΙΟ
ΈΝΤΟΜΑ	ΠΟΥΛΙΆ
ΖΟΎΓΚΛΑ	ΠΟΛΎΤΙΜΑ
ΚΛΊΜΑ	ΣΎΝΝΕΦΑ
ΒΡΎΑ	ΘΗΛΑΣΤΙΚΆ
ΦΎΣΗ	

64 - Haartypes

```
Μ  Β  Α  Μ  Β  Μ  Π  Ό  Κ  Υ  Ε  Λ  Ι  Λ  Λ  Δ
Κ  Π  Υ  Ι  Π  Ί  Μ  Ρ  Ψ  Ν  Η  Μ  Χ  Ε  Α  Μ
Ί  Α  Ο  Ι  Ν  Έ  Μ  Η  Σ  Α  Έ  Α  Ξ  Π  Μ  Α
Β  Ε  Φ  Ύ  Χ  Α  Π  Ξ  Ή  Ι  Γ  Υ  Δ  Τ  Π  Κ
Γ  Ί  Η  Έ  Κ  Φ  Α  Λ  Α  Κ  Ρ  Ό  Σ  Ή  Ε  Ρ
Ψ  Σ  Χ  Χ  Ί  Λ  Ν  Υ  Ε  Δ  Τ  Κ  Δ  Β  Ρ  Ύ
Μ  Α  Λ  Α  Κ  Ό  Ε  Ρ  Ά  Ρ  Υ  Ο  Γ  Σ  Ά  Ν
Ί  Υ  Μ  Λ  Έ  Χ  Β  Σ  Π  Λ  Ε  Γ  Μ  Έ  Ν  Ο
Ο  Β  Λ  Ψ  Π  Λ  Ε  Ξ  Ο  Ύ  Δ  Ε  Σ  Ρ  Ω  Ο
Β  Υ  Ε  Έ  Ί  Ρ  Ά  Ι  Χ  Ο  Ψ  Δ  Λ  Ω  Λ  Η
Α  Χ  Α  Ψ  Ί  Η  Θ  Υ  Τ  Σ  Χ  Ρ  Χ  Α  Β  Υ
Ξ  Χ  Γ  Σ  Ό  Τ  Ν  Ο  Κ  Ω  Τ  Ί  Σ  Λ  Ω  Σ
Δ  Σ  Ο  Ο  Ρ  Ύ  Α  Μ  Έ  Ξ  Χ  Χ  Π  Γ  Τ  Ο
Ι  Η  Μ  Ψ  Ο  Μ  Ξ  Α  Τ  Χ  Π  Σ  Ρ  Έ  Υ  Π
Ν  Υ  Ξ  Ρ  Π  Ε  Η  Λ  Ψ  Β  Τ  Χ  Ο  Μ  Ί  Π
Δ  Ψ  Α  Β  Ι  Μ  Τ  Ή  Έ  Τ  Β  Μ  Ω  Τ  Ο  Ω
```

ΞΑΝΘΆ	ΦΑΛΑΚΡΌΣ
ΚΑΦΈ	ΚΟΝΤΌ
ΠΑΧΎ	ΜΠΟΎΚΛΕΣ
ΞΗΡΌ	ΣΓΟΥΡΆ
ΛΕΠΤΉ	ΜΑΚΡΎ
ΠΛΕΓΜΈΝΟ	ΠΛΕΞΟΎΔΕΣ
ΥΓΓΉ	ΛΕΥΚΌ
ΟΜΑΛΉ	ΜΑΛΑΚΌ
ΛΑΜΠΕΡΆ	ΑΣΗΜΈΝΙΟ
ΓΚΡΙ	ΜΑΎΡΟ

65 - Stad

Χ	Α	Ρ	Η	Τ	Σ	Τ	Ά	Δ	Ι	Ο	Η	Ξ	Ψ	Τ
Μ	Ν	Α	Δ	Ά	Ρ	Ο	Γ	Α	Σ	Ι	Ξ	Α	Δ	Β	Υ
Ι	Θ	Ν	Ρ	Ι	Ά	Ξ	Ε	Ν	Ο	Δ	Ο	Χ	Ε	Ί	Ο
Β	Ο	Ε	Λ	Ί	Π	Έ	Λ	Υ	Λ	Ί	Ί	Π	Μ	Ο	Ι
Ι	Π	Π	Ο	Ί	Ε	Κ	Α	Μ	Ρ	Α	Φ	Μ	Ο	Ε	Μ
Β	Ω	Ι	Ί	Ρ	Ζ	Έ	Υ	Λ	Μ	Ψ	Σ	Ψ	Υ	Ρ	Ό
Λ	Λ	Σ	Ε	Ό	Α	Ψ	Ψ	Χ	Δ	Σ	Δ	Λ	Σ	Μ	Ρ
Ι	Ε	Τ	Λ	Κ	Μ	Ψ	Α	Α	Μ	Ξ	Ψ	Ε	Ε	Ά	Δ
Ο	Ί	Ή	Ο	Ι	Ρ	Ό	Τ	Α	Ι	Τ	Σ	Ε	Ί	Ρ	Ο
Π	Ο	Μ	Χ	Γ	Έ	Τ	Ν	Μ	Τ	Δ	Έ	Ί	Ο	Κ	Ρ
Ω	Ρ	Ι	Σ	Ο	Χ	Χ	Κ	Λ	Ι	Ν	Ι	Κ	Ή	Ε	Ε
Λ	Τ	Ο	Τ	Λ	Α	Π	Ο	Θ	Η	Κ	Ε	Ύ	Ω	Τ	Α
Ε	Α	Ή	Γ	Ο	Λ	Λ	Υ	Σ	Ρ	Μ	Σ	Τ	Ρ	Σ	Ι
Ί	Έ	Η	Σ	Ω	Α	Ρ	Τ	Ο	Π	Ο	Ι	Ε	Ί	Ο	Ξ
Ο	Θ	Τ	Έ	Ζ	Β	Ι	Β	Λ	Ι	Ο	Θ	Ή	Κ	Η	Χ
Έ	Έ	Π	Ο	Ε	Η	Σ	Α	Ρ	Η	Ρ	Σ	Ι	Υ	Β	Δ

ΦΑΡΜΑΚΕΊΟ	ΑΕΡΟΔΡΌΜΙΟ
ΑΡΤΟΠΟΙΕΊΟ	ΑΓΟΡΆ
ΤΡΆΠΕΖΑ	ΜΟΥΣΕΊΟ
ΒΙΒΛΙΟΘΉΚΗ	ΕΣΤΙΑΤΌΡΙΟ
ΑΝΘΟΠΩΛΕΊΟ	ΣΧΟΛΕΊΟ
ΒΙΒΛΙΟΠΩΛΕΊΟ	ΣΤΆΔΙΟ
ΖΩΟΛΟΓΙΚΌ	ΜΆΡΚΕΤ
ΣΥΛΛΟΓΉ	ΘΈΑΤΡΟ
ΞΕΝΟΔΟΧΕΊΟ	ΠΑΝΕΠΙΣΤΉΜΙΟ
ΚΛΙΝΙΚΉ	ΑΠΟΘΗΚΕΎΩ

66 - Creativiteit

Η	Α	Γ	Υ	Τ	Ψ	Ξ	Η	Σ	Α	Φ	Ή	Ν	Ε	Ι	Α
Σ	Α	Υ	Θ	Ε	Ν	Τ	Ι	Κ	Ό	Τ	Η	Τ	Α	Ξ	Χ
Υ	Ζ	Ω	Τ	Ι	Κ	Ό	Τ	Η	Τ	Α	Ο	Τ	Ή	Ψ	Η
Ε	Φ	Ε	Υ	Ρ	Ε	Τ	Ι	Κ	Ή	Σ	Ψ	Ε	Κ	Ι	Σ
Ν	Ρ	Ο	Π	Α	Τ	Η	Τ	Ό	Ι	Ξ	Ε	Δ	Ι	Π	Ε
Π	Γ	Ί	Β	Φ	Α	Ν	Τ	Α	Σ	Ί	Α	Έ	Ν	Δ	Έ
Μ	Χ	Υ	Η	Χ	Α	Δ	Α	Έ	Χ	Ί	Έ	Κ	Χ	Ι	Έ
Έ	Ο	Ξ	Τ	Ο	Η	Ί	Ρ	Ί	Λ	Α	Δ	Φ	Ε	Α	Ν
Ο	Ρ	Ά	Μ	Α	Τ	Α	Σ	Α	Υ	Γ	Ι	Ρ	Τ	Ί	Τ
Ξ	Ο	Ω	Ο	Ν	Η	Λ	Ω	Θ	Μ	Ο	Ρ	Α	Ι	Σ	Α
Η	Π	Ο	Β	Ό	Μ	Χ	Χ	Ψ	Ή	Α	Τ	Σ	Λ	Θ	Σ
Π	Ρ	Σ	Ω	Κ	Ρ	Ι	Β	Ψ	Β	Σ	Τ	Η	Λ	Η	Η
Ρ	Ο	Τ	Ε	Ι	Ό	Ξ	Ο	Η	Ω	Έ	Η	Ι	Α	Σ	Λ
Ε	Α	Ο	Η	Ε	Θ	Υ	Έ	Ο	Ο	Λ	Ν	Δ	Κ	Η	Σ
Ξ	Ι	Γ	Π	Μ	Υ	Ε	Ν	Τ	Ύ	Π	Ω	Σ	Η	Ή	Υ
Ξ	Υ	Τ	Α	Τ	Α	Μ	Ή	Θ	Σ	Ι	Α	Ν	Υ	Σ	Π

ΚΑΛΛΙΤΕΧΝΙΚΉ
ΕΙΚΌΝΑ
ΔΡΑΜΑΤΙΚΉ
ΑΥΘΕΝΤΙΚΌΤΗΤΑ
ΣΥΝΑΙΣΘΉΜΑΤΑ
ΑΊΣΘΗΣΗ
ΣΑΦΉΝΕΙΑ
ΙΔΈΑ
ΕΝΤΎΠΩΣΗ
ΈΜΠΝΕΥΣΗ

ΈΝΤΑΣΗ
ΔΙΑΊΣΘΗΣΗ
ΕΦΕΥΡΕΤΙΚΉ
ΑΥΘΌΡΜΗΤΗ
ΈΚΦΡΑΣΗ
ΕΠΙΔΕΞΙΌΤΗΤΑ
ΦΑΝΤΑΣΊΑ
ΟΡΆΜΑΤΑ
ΖΩΤΙΚΌΤΗΤΑ

67 - Natuur

```
Μ  Λ  Ί  Λ  Η  Α  Λ  Σ  Α  Α  Φ  Ε  Ν  Ν  Ύ  Σ
Μ  Έ  Σ  Γ  Ψ  Χ  Δ  Ψ  Υ  Δ  Μ  Ρ  Ρ  Ι  Ω  Λ
Χ  Ε  Λ  Ο  Ι  Ν  Ή  Λ  Α  Γ  Ί  Ή  Υ  Τ  Λ  Ρ
Λ  Ψ  Ο  Ι  Γ  Ύ  Φ  Α  Τ  Α  Κ  Μ  Ν  Ε  Δ  Έ
Υ  Ξ  Δ  Ρ  Σ  Ό  Μ  Α  Τ  Ο  Π  Ο  Γ  Λ  Ι  Ί
Ί  Β  Μ  Γ  Ρ  Σ  Ο  Σ  Α  Δ  Ι  Υ  Ο  Υ  Η  Ι
Γ  Ο  Ο  Ά  Π  Δ  Ε  Π  Α  Γ  Ε  Τ  Ώ  Ν  Α  Σ
Δ  Δ  Μ  Π  Β  Ι  Χ  Σ  Η  Ρ  Ν  Π  Ρ  Τ  Μ  Ο
Σ  Ω  Ο  Έ  Ή  Κ  Ι  Τ  Ω  Ζ  Δ  Έ  Σ  Δ  Ω  Η
Τ  Ρ  Ρ  Α  Ό  Κ  Σ  Ο  Ε  Ο  Α  Υ  Ο  Ο  Λ  Ι
Υ  Α  Φ  Δ  Ρ  Δ  Ι  Ά  Β  Ρ  Ω  Σ  Η  Μ  Λ  Υ
Υ  Β  Ι  Ν  Ε  Κ  Τ  Μ  Τ  Δ  Χ  Η  Τ  Ί  Ύ  Ι
Έ  Χ  Ά  Ν  Ι  Υ  Τ  Ν  Α  Ι  Ο  Ν  Ο  Π  Χ  Φ  Ψ
Έ  Ξ  Τ  Ξ  Ψ  Ρ  Σ  Ι  Ά  Ν  Υ  Ο  Β  Λ  Η  Έ
Ζ  Ώ  Α  Ρ  Η  Α  Ο  Π  Κ  Τ  Υ  Η  Β  Η  Χ  Ω
Τ  Ρ  Ο  Π  Ι  Κ  Ή  Ω  Ο  Ή  Ξ  Δ  Έ  Λ  Υ  Λ
```

ΑΡΚΤΙΚΉ	ΟΜΊΧΛΗ
ΒΟΥΝΆ	ΠΟΤΑΜΌΣ
ΜΈΛΙΣΣΕΣ	ΟΜΟΡΦΙΆ
ΔΑΣΟΣ	ΚΑΤΑΦΎΓΙΟ
ΖΏΑ	ΓΑΛΉΝΙΟ
ΔΥΝΑΜΙΚΉ	ΤΡΟΠΙΚΉ
ΔΙΆΒΡΩΣΗ	ΖΩΤΙΚΉ
ΦΎΛΛΩΜΑ	ΆΓΡΙΟ
ΠΑΓΕΤΏΝΑΣ	ΕΡΉΜΟΥ
ΙΕΡΌ	ΣΎΝΝΕΦΑ

68 - Zoogdieren

```
Β  Η  Δ  Ω  Ί  Ψ  Η  Ρ  Ψ  Κ  Φ  Γ  Ί  Ψ  Ν  Ρ
Ω  Λ  Ν  Δ  Ξ  Ο  Υ  Τ  Υ  Ά  Ά  Α  Έ  Λ  Σ  Ο
Π  Α  Τ  Ά  Γ  Ί  Π  Σ  Ξ  Σ  Λ  Ϊ  Μ  Μ  Έ  Ω
Α  Δ  Α  Ψ  Ε  Χ  Υ  Γ  Τ  Τ  Α  Δ  Ν  Χ  Ω
Ό  Ρ  Υ  Ο  Κ  Γ  Α  Κ  Ξ  Ο  Ι  Ο  Ε  Τ  Ψ  Α
Ξ  Ά  Ω  Ξ  Λ  Β  Ε  Β  Γ  Ρ  Ν  Ύ  Λ  Χ  Λ  Έ
Π  Π  Μ  Δ  Έ  Ξ  Υ  Λ  Π  Α  Α  Ρ  Φ  Μ  Ι  Π
Κ  Ο  Γ  Ι  Ό  Τ  Ο  Ρ  Έ  Σ  Έ  Ι  Ί  Α  Ο  Μ
Η  Λ  Γ  Γ  Ν  Ξ  Ω  Σ  Ί  Φ  Β  Ν  Ν  Ϊ  Ν  Η
Τ  Η  Ί  Ο  Ί  Τ  Σ  Ο  Ρ  Ύ  Α  Τ  Ι  Μ  Τ  Α
Ω  Μ  Ι  Τ  Λ  Δ  Ω  Κ  Π  Ν  Λ  Ν  Η  Ο  Ά  Λ
Ν  Α  Ο  Ν  Ξ  Ά  Α  Ύ  Σ  Μ  Ή  Ψ  Τ  Ύ  Ρ  Ε
Ο  Κ  Κ  Ο  Υ  Ν  Έ  Λ  Ι  Ι  Μ  Χ  Η  Α  Ι  Π
Σ  Κ  Ύ  Λ  Ο  Σ  Β  Μ  Α  Λ  Α  Ψ  Ί  Ε  Σ  Ο
Δ  Λ  Έ  Γ  Ο  Ρ  Ί  Λ  Α  Σ  Κ  Δ  Ρ  Ν  Ο  Ύ
Χ  Α  Δ  Β  Ί  Έ  Δ  Ω  Μ  Χ  Τ  Ξ  Ι  Η  Β  Τ
```

ΜΑΪΜΟΎ	ΚΑΓΚΟΥΡΌ
ΚΆΣΤΟΡΑΣ	ΓΆΤΑ
ΚΟΓΪΟΤ	ΚΟΥΝΈΛΙ
ΔΕΛΦΊΝΙ	ΛΙΟΝΤΆΡΙ
ΓΑΪΔΟΎΡΙ	ΕΛΈΦΑΝΤΑΣ
ΓΊΔΑ	ΆΛΟΓΟ
ΚΑΜΗΛΟΠΆΡΔΑΛΗ	ΤΑΎΡΟΣ
ΓΟΡΊΛΑΣ	ΑΛΕΠΟΎ
ΣΚΎΛΟΣ	ΦΆΛΑΙΝΑ
ΚΑΜΉΛΑ	ΛΎΚΟΣ

69 - Overheid

```
Δ  Τ  Τ  Π  Ν  Ι  Ι  Κ  Ι  Έ  Π  Έ  Γ  Ι  Ι  Ε
Ι  Ξ  Ξ  Δ  Ξ  Ε  Θ  Σ  Α  Ί  Τ  Μ  Ο  Ε  Σ  Ι
Κ  Έ  Ο  Ν  Σ  Μ  Α  Δ  Μ  Τ  Σ  Β  Ο  Γ  Ό  Ρ
Α  Α  Ω  Η  Έ  Ρ  Γ  Γ  Μ  Ά  Μ  Ο  Μ  Τ  Η
Σ  Η  Μ  Ε  Ξ  Σ  Έ  Ν  Α  Ν  Γ  Σ  Ε  Ψ  Η  Ν
Τ  Ψ  Ο  Η  Χ  Μ  Ν  Υ  Τ  Ω  Α  Ξ  Τ  Υ  Τ  Ι
Ι  Ή  Χ  Ο  Ι  Ρ  Ε  Π  Ν  Τ  Η  Μ  Λ  Α  Α  Κ
Κ  Υ  Έ  Ω  Ψ  Α  Ι  Γ  Ύ  Ρ  Π  Ν  Λ  Τ  Σ  Ή
Ή  Ψ  Ι  Σ  Η  Γ  Α  Ι  Σ  Ό  Μ  Η  Δ  Α  Ρ  Η
Δ  Η  Μ  Ο  Κ  Ρ  Α  Τ  Ί  Α  Ε  Μ  Δ  Μ  Ξ  Σ
Β  Ί  Ρ  Ν  Ο  Μ  Ι  Λ  Ί  Α  Έ  Ε  Ί  Ω  Γ  Η
Ί  Β  Γ  Θ  Η  Ρ  Τ  Π  Υ  Σ  Δ  Ί  Γ  Ι  Ί  Τ
Ρ  Σ  Χ  Έ  Μ  Ή  Κ  Ι  Τ  Ι  Λ  Ο  Π  Α  Δ  Ή
Δ  Ι  Κ  Α  Ι  Ο  Σ  Ύ  Ν  Η  Ν  Μ  Λ  Κ  Λ  Ζ
Σ  Ύ  Μ  Β  Ο  Λ  Ο  Ι  Α  Κ  Ί  Δ  Ω  Ι  Ν  Υ
Λ  Ψ  Γ  Ρ  Ε  Λ  Ε  Υ  Θ  Ε  Ρ  Ί  Α  Δ  Δ  Σ
```

ΙΘΑΓΈΝΕΙΑ	ΠΟΛΙΤΙΚΉ
ΔΗΜΌΣΙΑ	ΔΙΚΑΙΏΜΑΤΑ
ΔΗΜΟΚΡΑΤΊΑ	ΕΙΡΗΝΙΚΉ
ΣΥΖΉΤΗΣΗ	ΚΑΤΆΣΤΑΣΗ
ΙΣΌΤΗΤΑ	ΣΎΜΒΟΛΟ
ΔΙΚΑΣΤΙΚΉ	ΟΜΙΛΊΑ
ΔΙΚΑΙΟΣΎΝΗ	ΕΛΕΥΘΕΡΊΑ
ΣΎΝΤΑΓΜΑ	ΔΊΚΑΙΟ
ΜΝΗΜΕΊΟ	ΠΕΡΙΟΧΉ
ΈΘΝΟΣ	

70 - Voertuigen

```
Π Σ Α Τ Ρ Ο Χ Ό Σ Π Ι Τ Ο Ί Υ Ί
Λ Ο Κ Σ Λ Ω Τ Σ Ψ Η Π Γ Υ Ν Η Ο
Ά Ν Ρ Α Θ Α Ε Ρ Ο Π Λ Ά Ν Ο Β Δ
Σ Έ Ά Θ Ψ Ε Π Έ Π Ο Δ Ή Λ Α Τ Ο
Τ Ρ Β Χ Μ Ή Ν Α Χ Η Μ Έ Τ Α Ξ Ί
Ι Τ Ο Ξ Χ Ε Ε Ο Ι Χ Ύ Ρ Β Ο Π Υ
Χ Π Ρ Α Ί Ι Ί Ο Φ Λ Τ Β Σ Τ Σ Φ
Α Ω Ε Ί Ξ Λ Ι Ο Ψ Ό Ο Ι Β Ρ Κ Ο
Α Υ Τ Ο Κ Ί Ν Η Τ Ο Ρ Π Δ Α Ο Ρ
Ξ Η Π Μ Ε Τ Ρ Ό Τ Β Ε Ο Σ Κ Ύ Τ
Έ Π Ό Λ Ε Ω Φ Ο Ρ Ε Ί Ο Χ Τ Τ Η
Ί Ι Κ Ρ Ο Υ Κ Έ Τ Α Ρ Ξ Ε Έ Ε Γ
Ψ Η Ι Γ Υ Δ Δ Ω Ψ Ο Β Λ Δ Ρ Ρ Ό
Ρ Ο Λ Ν Ο Α Ν Χ Η Μ Η Ε Ί Ο Β Σ
Ξ Σ Ε Ψ Ψ Ε Ε Η Α Δ Ξ Ί Α Ν Γ Ί
Β Μ Υ Υ Γ Ρ Τ Β Α Λ Ψ Ξ Δ Ρ Ί Ί
```

ΑΣΘΕΝΟΦΌΡΟ	ΥΠΟΒΡΎΧΙΟ
ΑΥΤΟΚΊΝΗΤΟ	ΡΟΥΚΈΤΑ
ΛΆΣΤΙΧΑ	ΣΚΟΎΤΕΡ
ΒΆΡΚΑ	ΤΑΞΊ
ΛΕΩΦΟΡΕΊΟ	ΤΡΑΚΤΈΡ
ΤΡΟΧΌΣΠΙΤΟ	ΤΡΈΝΟ
ΠΟΔΉΛΑΤΟ	ΠΟΡΘΜΕΊΟ
ΕΛΙΚΌΠΤΕΡΟ	ΑΕΡΟΠΛΆΝΟ
ΜΕΤΡΌ	ΣΧΕΔΊΑ
ΜΗΧΑΝΉ	ΦΟΡΤΗΓΌ

71 - Geografie

```
Β  Ο  Ρ  Ρ  Ά  Η  Μ  Σ  Ρ  Η  Ρ  Έ  Χ  Θ  Ν  Ο
Ω  Δ  Λ  Ι  Ν  Α  Υ  Χ  Σ  Σ  Ί  Μ  Ά  Ά  Ό  Έ
Χ  Λ  Ν  Γ  Δ  Π  Ε  Ρ  Ι  Ο  Χ  Ή  Ρ  Λ  Τ  Ί
Ι  Σ  Η  Μ  Ε  Ρ  Ι  Ν  Ό  Σ  Α  Γ  Τ  Α  Ι  Υ
Γ  Ί  Π  Ε  Ί  Μ  Ο  Η  Ι  Ι  Τ  Ι  Η  Σ  Α  Ψ
Η  Ε  Ω  Κ  Ε  Α  Ν  Ό  Σ  Χ  Ε  Γ  Ι  Σ  Δ  Ό
Ρ  Μ  Ω  Π  Ό  Λ  Η  Β  Ο  Υ  Ν  Ό  Π  Α  Ο  Μ
Ψ  Δ  Ι  Γ  Ή  Π  Ε  Ι  Ρ  Ο  Σ  Ω  Ί  Ρ  Ί  Ε
Γ  Μ  Β  Σ  Ρ  Π  Ν  Ψ  Ο  Τ  Μ  Ί  Α  Ώ  Ά  Τ
Ι  Ο  Π  Β  Φ  Α  Ο  Ρ  Ε  Ε  Μ  Έ  Ξ  Χ  Τ  Ρ
Ν  Χ  Ι  Τ  Ο  Α  Φ  Τ  Ν  Π  Χ  Α  Μ  Ν  Λ  Ο
Ψ  Ί  Υ  Η  Δ  Δ  Ί  Ι  Α  Υ  Β  Ί  Ω  Ξ  Α  Δ
Ξ  Ν  Τ  Χ  Χ  Γ  Ι  Ρ  Κ  Μ  Α  Τ  Ί  Α  Ν  Ύ
Ν  Η  Σ  Ί  Ψ  Η  Έ  Ρ  Ι  Ό  Ό  Π  Έ  Ι  Τ  Σ
Τ  Β  Η  Π  Ί  Ε  Ξ  Β  Μ  Ο  Μ  Σ  Ό  Κ  Α  Η
Ρ  Ε  Ψ  Μ  Ε  Σ  Η  Μ  Β  Ρ  Ι  Ν  Ό  Ψ  Α  Ω
```

ΆΤΛΑΝΤΑ	ΜΕΣΗΜΒΡΙΝΌ
ΒΟΥΝΌ	ΒΟΡΡΆ
ΉΠΕΙΡΟΣ	ΩΚΕΑΝΌΣ
ΝΗΣΊ	ΠΕΡΙΟΧΉ
ΙΣΗΜΕΡΙΝΌΣ	ΠΟΤΑΜΌΣ
ΗΜΙΣΦΑΊΡΙΟ	ΠΌΛΗ
ΥΨΌΜΕΤΡΟ	ΚΌΣΜΟ
ΧΆΡΤΗ	ΔΎΣΗ
ΧΏΡΑ	ΘΆΛΑΣΣΑ
ΓΕΩΓΡΑΦΙΚΌ	ΝΌΤΙΑ

72 - Barbecues

```
Σ  Α  Τ  Ξ  Τ  Λ  Ί  Σ  Π  Ι  Ρ  Ο  Ύ  Ν  Ι  Α
Χ  Ι  Δ  Λ  Δ  Π  Τ  Ω  Α  Ί  Έ  Ξ  Τ  Λ  Μ  Έ
Ά  Δ  Ρ  Π  Β  Μ  Ξ  Ι  Π  Λ  Σ  Ψ  Ν  Λ  Υ  Γ
Ρ  Ύ  Α  Υ  Η  Σ  Έ  Ε  Ρ  Π  Ά  Τ  Π  Ψ  Ι  Η
Α  Μ  Γ  Υ  Σ  Μ  Δ  Ν  Ό  Ι  Ο  Τ  Ύ  Ο  Ρ  Φ
Ξ  Μ  Ι  Ρ  Λ  Ί  Χ  Λ  Σ  Τ  Ω  Λ  Α  Ί  Ο  Ξ
Π  Ε  Ί  Ν  Α  Ο  Ω  Ή  Κ  Ι  Σ  Υ  Ο  Μ  Λ  Η
Λ  Ρ  Α  Σ  Γ  Ί  Α  Ί  Λ  Ε  Σ  Ε  Γ  Μ  Υ  Ρ
Ι  Κ  Λ  Σ  Σ  Έ  Ψ  Ω  Η  Β  Έ  Τ  Ζ  Δ  Ο  Ν
Μ  Α  Χ  Α  Ί  Ρ  Ι  Α  Σ  Τ  Λ  Ά  Σ  Ξ  Π  Τ
Β  Ε  Μ  Ω  Β  Γ  Ρ  Γ  Η  Α  Λ  Ά  Τ  Ι  Ό  Ο
Ν  Α  Μ  Ύ  Δ  Β  Έ  Χ  Ω  Έ  Ι  Μ  Ο  Ν  Τ  Μ
Σ  Ο  Ε  Ο  Ε  Μ  Π  Ω  Έ  Ψ  Λ  Τ  Χ  Ν  Ο  Ά
Π  Ί  Ρ  Η  Ξ  Γ  Ι  Ρ  Ί  Α  Κ  Ο  Λ  Α  Κ  Τ
Τ  Α  Α  Δ  Ο  Ν  Π  Ί  Ε  Δ  Χ  Ρ  Η  Ψ  Ι  Α
Μ  Γ  Σ  Λ  Α  Χ  Α  Ν  Ι  Κ  Ά  Ω  Γ  Ο  Ξ  Ν
```

ΔΕΊΠΝΟ	ΠΙΠΈΡΙ
ΦΡΟΎΤΟ	ΣΑΛΆΤΑ
ΣΧΆΡΑ	ΣΆΛΤΣΑ
ΛΑΧΑΝΙΚΆ	ΝΤΟΜΆΤΑ
ΖΕΣΤΌ	ΚΡΕΜΜΎΔΙΑ
ΠΕΊΝΑ	ΠΡΌΣΚΛΗΣΗ
ΚΟΤΌΠΟΥΛΟ	ΠΙΡΟΎΝΙΑ
ΓΕΎΜΑ	ΚΑΛΟΚΑΊΡΙ
ΜΑΧΑΊΡΙΑ	ΑΛΆΤΙ
ΜΟΥΣΙΚΉ	

73 - Schoonheid

Μ	Ο	Υ	Ω	Τ	Ρ	Μ	Α	Κ	Χ	Χ	Τ	Ξ	Σ	Μ	Τ
Χ	Υ	Π	Έ	Π	Α	Δ	Έ	Γ	Ο	Λ	Ι	Ν	Τ	Α	Η
Μ	Ν	Έ	Ω	Λ	Σ	Ί	Χ	Ω	Ξ	Μ	Γ	Ν	Υ	Κ	Ρ
Δ	Ά	Κ	Ι	Τ	Ν	Υ	Λ	Λ	Α	Κ	Ψ	Μ	Λ	Ι	Β
Λ	Υ	Σ	Ε	Λ	Κ	Ύ	Ο	Π	Μ	Μ	Ψ	Ό	Ί	Γ	Γ
Π	Ο	Η	Κ	Κ	Α	Θ	Ρ	Ε	Φ	Τ	Η	Σ	Σ	Ι	Χ
Ρ	Π	Ν	Ν	Α	Μ	Ώ	Ρ	Χ	Ι	Ω	Π	Α	Τ	Ά	Τ
Ο	Μ	Ε	Α	Η	Ρ	Ά	Χ	Ψ	Δ	Μ	Ξ	Έ	Α	Ζ	Δ
Ϊ	Α	Γ	Τ	Έ	Έ	Α	Κ	Ί	Ί	Ε	Β	Ω	Σ	Η	Π
Ό	Σ	Ο	Η	Τ	Δ	Ί	Ε	Ρ	Λ	Ξ	Β	Ξ	Η	Σ	Μ
Ν	Ι	Τ	Τ	Έ	Δ	Σ	Β	Α	Α	Ί	Ε	Τ	Η	Ο	Γ
Ε	Ψ	Ω	Ό	Ν	Ο	Ε	Ω	Η	Ψ	Γ	Γ	Έ	Ί	Ν	Μ
Ί	Α	Φ	Ψ	Ξ	Ο	Ρ	Ί	Β	Γ	Π	Ι	Μ	Ε	Α	Τ
Ά	Ρ	Ω	Μ	Α	Ε	Η	Ο	Μ	Α	Λ	Ή	Ό	Α	Ε	Ί
Τ	Ψ	Ξ	Ο	Λ	Ι	Π	Π	Ψ	Γ	Α	Ι	Λ	Ν	Β	Ί
Ψ	Ε	Ε	Κ	Α	Β	Υ	Έ	Υ	Μ	Ε	Χ	Ί	Π	Χ	Τ

ΓΟΗΤΕΊΑ
ΚΑΛΛΥΝΤΙΚΆ
ΥΠΗΡΕΣΊΑ
ΚΟΜΨΌ
ΚΟΜΨΌΤΗΤΑ
ΦΩΤΟΓΕΝΗΣ
ΧΆΡΗ
ΆΡΩΜΑ
ΟΜΑΛΉ
ΔΈΡΜΑ

ΧΡΩΜΑ
ΜΠΟΎΚΛΕΣ
ΚΡΑΓΙΌΝ
ΜΆΣΚΑΡΑ
ΠΡΟΪΌΝ
ΨΑΛΊΔΙ
ΣΑΜΠΟΥΆΝ
ΚΑΘΡΕΦΤΗΣ
ΣΤΥΛΊΣΤΑΣ
ΜΑΚΙΓΙΆΖ

74 - Wetenschappelijke Discip

```
Ν Λ Ρ Τ Α Η Ν Ρ Υ Α Ν Γ Α Ν Κ Θ
Ρ Ε Λ Ο Ί Α Ψ Α Τ Τ Δ Ε Ρ Ε Ο Ε
Τ Α Ί Ε Μ Η Χ Ο Ι Β Χ Ω Χ Υ Ι Ρ
Ή Κ Ι Τ Ο Π Μ Ο Ρ Ε Τ Λ Α Ρ Ν Μ
Ο Ρ Υ Κ Τ Ο Λ Ο Γ Ί Α Ο Ι Ο Ω Ο
Φ Μ Η Χ Α Ν Ι Κ Ή Β Ί Γ Ο Λ Ν Δ
Α Υ Ω Ν Ν Ί Μ Β Σ Β Γ Ί Λ Ο Ι Υ
Ί Σ Σ Ψ Α Ο Ε Η Ν Ι Ο Α Ο Γ Ο Ν
Γ Σ Τ Ι Ν Γ Ξ Α Ε Ο Λ Β Γ Ί Λ Α
Ο Δ Ν Ρ Ο Γ Γ Ξ Σ Λ Ο Ο Ί Α Ο Μ
Λ Α Ί Γ Ο Λ Ο Κ Ι Ο Ρ Τ Α Μ Γ Ι
Ο Ν Η Ί Δ Ν Ο Π Ψ Γ Ω Α Ψ Μ Ί Κ
Χ Έ Ο Η Δ Π Ο Γ Γ Ί Ε Ν Β Η Α Ή
Υ Χ Η Μ Ε Ί Α Μ Ί Α Τ Ι Μ Λ Μ Π
Ψ Χ Ο Ί Ί Ι Ξ Ί Ί Α Ε Κ Χ Α Ψ Α
Α Ί Γ Ο Λ Ο Σ Ο Ν Α Μ Ή Δ Ι Π Λ
```

ΑΝΑΤΟΜΊΑ	ΜΗΧΑΝΙΚΉ
ΑΡΧΑΙΟΛΟΓΊΑ	ΜΕΤΕΩΡΟΛΟΓΊΑ
ΑΣΤΡΟΝΟΜΊΑ	ΟΡΥΚΤΟΛΟΓΊΑ
ΒΙΟΧΗΜΕΊΑ	ΝΕΥΡΟΛΟΓΊΑ
ΒΙΟΛΟΓΊΑ	ΒΟΤΑΝΙΚΉ
ΧΗΜΕΊΑ	ΨΥΧΟΛΟΓΊΑ
ΟΙΚΟΛΟΓΊΑ	ΡΟΜΠΟΤΙΚΉ
ΦΥΣΙΟΛΟΓΊΑ	ΚΟΙΝΩΝΙΟΛΟΓΊΑ
ΓΕΩΛΟΓΊΑ	ΘΕΡΜΟΔΥΝΑΜΙΚΉ
ΑΝΟΣΟΛΟΓΊΑ	

75 - Bijvoeglijke Naamwoorden

```
Υ  Π  Ρ  Ο  Ι  Κ  Ι  Σ  Μ  Έ  Ν  Ο  Σ  Ί  Ο  Δ
Α  Π  Κ  Ο  Υ  Ρ  Α  Σ  Μ  Έ  Ν  Ο  Σ  Μ  Έ  Α
Έ  Λ  Ε  Δ  Ρ  Α  Μ  Α  Τ  Ι  Κ  Ή  Α  Ί  Β  Ι
Ο  Υ  Μ  Ύ  Π  Ω  Ή  Κ  Ι  Γ  Ω  Γ  Α  Ρ  Α  Π
Ξ  Μ  Υ  Υ  Θ  Σ  Κ  Υ  Π  Ν  Η  Λ  Ί  Α  Λ  Π
Α  Μ  Ο  Μ  Ρ  Υ  Ι  Ι  Ή  Ί  Ε  Έ  Γ  Ε  Ξ  Ρ
Ξ  Υ  Έ  Δ  Υ  Ή  Ν  Ν  Κ  Α  Υ  Α  Η  Γ  Ε  Μ
Ν  Ξ  Θ  Γ  Μ  Ψ  Ο  Ο  Ι  Ρ  Γ  Ά  Υ  Γ  Ι  Ή
Ν  Υ  Ί  Ε  Ο  Χ  Ν  Β  Σ  Π  Δ  Ί  Δ  Σ  Β  Ρ
Ν  Ω  Ο  Σ  Ν  Ο  Α  Η  Υ  Χ  Ξ  Π  Τ  Γ  Η  Υ
Έ  Α  Γ  Ν  Ό  Τ  Κ  Ω  Φ  Ρ  Ο  Ξ  Έ  Ι  Λ  Χ
Α  Π  Η  Σ  Ή  Κ  Ι  Γ  Ρ  Υ  Ο  Ι  Μ  Η  Δ  Σ
Α  Ρ  Ί  Τ  Γ  Ι  Ι  Κ  Υ  Π  Ε  Ρ  Ο  Χ  Η  Ι
Ο  Υ  Ψ  Ρ  Ο  Ε  Ι  Λ  Ό  Μ  Ί  Τ  Ι  Ε  Ω  Ε
Π  Ε  Ι  Ν  Α  Σ  Μ  Έ  Ν  Ο  Σ  Ξ  Β  Ί  Ε  Δ
Π  Ε  Ρ  Ι  Γ  Ρ  Α  Φ  Ι  Κ  Ό  Χ  Β  Ί  Υ  Χ
```

ΑΥΘΕΝΤΙΚΌ
ΠΡΟΙΚΙΣΜΈΝΟΣ
ΠΕΡΙΓΡΑΦΙΚΌ
ΔΗΜΙΟΥΡΓΙΚΉ
ΔΡΑΜΑΤΙΚΉ
ΥΓΙΉ
ΠΕΙΝΑΣΜΈΝΟΣ
ΚΟΥΡΑΣΜΈΝΟΣ
ΦΥΣΙΚΉ
ΝΈΑ

ΚΑΝΟΝΙΚΉ
ΠΑΡΑΓΩΓΙΚΉ
ΥΠΝΗΛΊΑ
ΙΣΧΥΡΉ
ΥΠΕΡΟΧΗ
ΥΠΕΎΘΥΝΟΣ
ΆΓΡΙΟ
ΑΛΜΥΡΉ
ΑΓΝΌ

76 - Kleding

```
Δ  Κ  Έ  Ψ  Π  Τ  Ί  Τ  Ί  Υ  Π  Η  Η  Ι  Έ  Έ
Λ  Ε  Ο  Σ  Ι  Μ  Ά  Κ  Υ  Ο  Π  Α  Μ  Α  Ν  Λ
Λ  Ρ  Ξ  Λ  Ό  Κ  Σ  Α  Κ  Ε  Π  Τ  Λ  Ν  Δ  Ψ
Δ  Ο  Β  Ι  Ι  Κ  Α  Π  Έ  Λ  Ο  Σ  Ω  Τ  Λ  Λ
Β  Μ  Ρ  Π  Δ  Έ  Δ  Π  Γ  Η  Σ  Ύ  Π  Λ  Ό  Ω
Υ  Δ  Ρ  Ξ  Η  Β  Ν  Ω  Ξ  Η  Ω  Ο  Υ  Χ  Γ  Ί
Τ  Ί  Ξ  Ι  Ξ  Ω  Μ  Τ  Η  Ψ  Ν  Φ  Ζ  Ώ  Ν  Η
Λ  Ε  Β  Χ  Π  Δ  Σ  Π  Ο  Υ  Λ  Ό  Β  Ε  Ρ  Ε
Ι  Σ  Τ  Ύ  Ο  Π  Α  Π  Π  Ι  Τ  Ζ  Ά  Μ  Α  Ρ
Λ  Ω  Α  Δ  Ό  Μ  Κ  Δ  Β  Ο  Γ  Ά  Ν  Τ  Ι  Α
Ό  Ρ  Σ  Ν  Ν  Ν  Ά  Ξ  Ο  Α  Α  Β  Μ  Β  Ί  Ι
Ι  Β  Τ  Τ  Δ  Ρ  Κ  Ω  Δ  Ν  Υ  Τ  Έ  Ί  Ξ
Χ  Π  Λ  Ι  Λ  Ά  Ι  Ξ  Η  Ο  Ε  Π  Ο  Δ  Ι  Ά
Α  Χ  Ά  Χ  Ρ  Λ  Λ  Μ  Π  Λ  Ο  Ύ  Ζ  Α  Έ  Γ
Ρ  Ρ  Κ  Ψ  Α  Σ  Σ  Ι  Ν  Ό  Λ  Ε  Τ  Ν  Α  Π
Β  Ρ  Μ  Υ  Ι  Ρ  Τ  Ξ  Α  Μ  Ε  Ρ  Ό  Φ  Β  Ρ
```

ΒΡΑΧΙΌΛΙ	ΠΙΤΖΆΜΑ
ΜΠΛΟΎΖΑ	ΖΏΝΗ
ΠΑΝΤΕΛΌΝΙ	ΦΟΎΣΤΑ
ΓΆΝΤΙΑ	ΣΑΝΔΆΛΙΑ
ΚΑΠΈΛΟ	ΠΑΠΟΎΤΣΙ
ΠΑΛΤΌ	ΠΟΔΙΆ
ΣΑΚΆΚΙ	ΠΟΥΚΆΜΙΣΟ
ΦΌΡΕΜΑ	ΚΑΣΚΌΛ
ΚΟΛΙΈ	ΚΆΛΤΣΑ
ΜΌΔΑ	ΠΟΥΛΌΒΕΡ

77 - Vliegtuigen

```
Υ  Σ  Ρ  Λ  Β  Α  Ο  Ν  Λ  Β  Γ  Ρ  Υ  Α  Ω  Υ
Δ  Υ  Π  Ε  Η  Ο  Α  Ε  Ω  Ν  Η  Π  Α  Χ  Λ  Ρ
Ρ  Υ  Δ  Έ  Γ  Π  Ι  Κ  Α  Τ  Α  Σ  Κ  Ε  Υ  Ή
Ο  Σ  Ψ  Ι  Μ  Ρ  Ε  Τ  Λ  Ε  Ε  Α  Β  Γ  Κ  Κ
Γ  Ε  Ψ  Ο  Ω  Ο  Τ  Έ  Β  Π  Έ  Ρ  Η  Ο  Α  Ι
Ό  Β  Λ  Μ  Σ  Σ  Έ  Μ  Ο  Ι  Δ  Έ  Χ  Σ  Τ  Τ
Ν  Ο  Μ  Ι  Σ  Γ  Π  Ο  Ο  Ο  Σ  Α  Ω  Ξ  Α  Ο
Ο  Β  Υ  Σ  Ε  Ε  Ι  Α  Χ  Ο  Υ  Χ  Έ  Γ  Λ
Ι  Ο  Ξ  Ύ  Έ  Ί  Ρ  Κ  Δ  Χ  Σ  Ρ  Ω  Η  Ω  Ι
Μ  Σ  Η  Α  Ν  Ω  Ε  Ι  Ν  Έ  Ψ  Έ  Α  Χ  Γ  Π
Π  Γ  Τ  Κ  Γ  Σ  Π  Λ  Ή  Ρ  Ω  Μ  Α  Ν  Ή  Ξ
Α  Α  Ά  Ο  Ε  Η  Ξ  Έ  Σ  Ο  Η  Μ  Ε  Χ  Ό  Λ
Λ  Ί  Β  Τ  Ρ  Κ  Α  Τ  Ε  Ύ  Θ  Υ  Ν  Σ  Η  Σ
Ό  Μ  Ι  Η  Ξ  Ί  Α  Τ  Μ  Ό  Σ  Φ  Α  Ι  Ρ  Α
Ν  Β  Π  Τ  Ή  Ν  Α  Χ  Η  Μ  Χ  Ί  Ί  Λ  Χ  Γ
Ι  Μ  Ε  Α  Ν  Α  Τ  Α  Ρ  Α  Χ  Ή  Ξ  Σ  Τ  Μ
```

ΚΑΤΑΓΩΓΉ	ΠΡΟΣΓΕΊΩΣΗ
ΑΤΜΌΣΦΑΙΡΑ	ΑΈΡΑΣ
ΠΕΡΙΠΈΤΕΙΑ	ΜΗΧΑΝΉ
ΜΠΑΛΌΝΙ	ΣΧΈΔΙΟ
ΠΛΉΡΩΜΑ	ΕΠΙΒΆΤΗ
ΚΑΤΑΣΚΕΥΉ	ΠΙΛΟΤΙΚΉ
ΚΑΎΣΙΜΟ	ΈΛΙΚΑ
ΙΣΤΟΡΊΑ	ΚΑΤΕΎΘΥΝΣΗ
ΟΥΡΑΝΌΣ	ΑΝΑΤΑΡΑΧΉ
ΎΨΟΣ	ΥΔΡΟΓΌΝΟ

78 - Herbalisme

```
Α Έ Π Π Η Σ Υ Σ Τ Α Τ Ι Κ Ό Π Χ
Ρ Ν Ύ Ο Κ Ι Λ Ι Σ Α Β Χ Α Ι Ξ Ι
Ω Δ Α Ι Π Ο Τ Ρ Ω Α Π Υ Ε Ε Υ Ψ
Μ Έ Ν Ό Κ Γ Α Ρ Τ Σ Ε Γ Ρ Β Θ Ε
Α Ω Ά Τ Μ Ι Ω Α Ι Ε Ω Γ Δ Ν Υ Α
Τ Ί Ν Η Δ Ε Σ Ό Ν Α Τ Ν Ϊ Α Μ Λ
Ι Ε Η Τ Μ Α Γ Ε Ι Ρ Ι Κ Ή Α Ά Ι
Κ Σ Θ Α Τ Ν Ά Β Ε Λ Ι Ρ Π Ί Ρ Ι
Ό Μ Ο Ν Α Β Ϊ Λ Ο Ρ Δ Ν Ε Δ Ι Κ
Μ Ξ Ά Π Ι Έ Ν Ο Ν Ρ Ύ Έ Ξ Β Β Ρ
Υ Ω Ξ Ρ Ή Ϊ Σ Ι Ι Ί Ο Μ Ί Ρ Ε Ο
Α Ξ Ί Έ Α Κ Ε Η Σ Γ Λ Έ Μ Μ Ψ Κ
Γ Ε Ύ Σ Η Θ Γ Σ Ά Α Υ Η Ρ Ω Δ Ο
Σ Κ Ό Ρ Δ Ο Ο Υ Ρ Ν Ο Ν Ρ Π Χ Σ
Ρ Έ Β Ξ Ρ Β Σ Π Π Η Λ Έ Ξ Π Ι Τ
Μ Α Ν Τ Ζ Ο Υ Ρ Ά Ν Α Σ Π Η Γ Ι
```

ΑΡΩΜΑΤΙΚΌ	ΛΕΒΆΝΤΑ
ΒΑΣΙΛΙΚΟΎ	ΜΑΝΤΖΟΥΡΆΝΑ
ΛΟΥΛΟΎΔΙ	ΡΊΓΑΝΗ
ΜΑΓΕΙΡΙΚΉ	ΜΑΪΝΤΑΝΌΣ
ΆΝΗΘΟ	ΔΕΝΔΡΟΛΊΒΑΝΟ
ΕΣΤΡΑΓΚΌΝ	ΚΡΟΚΟΣ
ΠΡΆΣΙΝΟ	ΓΕΎΣΗ
ΣΥΣΤΑΤΙΚΌ	ΘΥΜΆΡΙ
ΣΚΌΡΔΟ	ΚΉΠΟΣ
ΠΟΙΌΤΗΤΑ	ΜΆΡΑΘΟ

79 - Kracht en Zwaartekracht

```
Π  Ρ  Μ  Π  Α  Κ  Ί  Ν  Η  Σ  Η  Δ  Χ  Κ  Η  Χ
Α  Μ  Η  Ξ  Ν  Ο  Σ  Σ  Ί  Σ  Σ  Μ  Σ  Έ  Γ  Χ
Π  Ν  Χ  Γ  Α  Ί  Ω  Ι  Υ  Ό  Ε  Α  Χ  Ν  Ω  Ι
Ό  Τ  Α  Ή  Κ  Ι  Σ  Υ  Φ  Μ  Γ  Ί  Έ  Τ  Ω  Α
Σ  Ρ  Ν  Β  Ά  Ρ  Η  Μ  Μ  Σ  Η  Γ  Π  Ρ  Β  Ξ
Τ  Ο  Ι  Ι  Λ  Χ  Ι  Υ  Ν  Ι  Π  Η  Τ  Ο  Ε  Λ
Α  Χ  Κ  Ρ  Υ  Χ  Ρ  Ξ  Α  Τ  Η  Τ  Ύ  Χ  Α  Τ
Σ  Ι  Ή  Τ  Ψ  Π  Γ  Γ  Ν  Η  Ψ  Β  Λ  Δ  Τ  Κ
Η  Ά  Η  Μ  Η  Λ  Α  Α  Δ  Ν  Ρ  Γ  Υ  Δ  Η  Α
Λ  Δ  Α  Γ  Έ  Σ  Π  Τ  Λ  Γ  Ν  Λ  Γ  Γ  Τ  Θ
Ά  Ξ  Ο  Ν  Α  Σ  Α  Π  Υ  Α  Ψ  Δ  Ψ  Β  Ό  Ο
Ψ  Ξ  Β  Ί  Β  Ε  Χ  Τ  Ι  Μ  Ν  Ί  Υ  Μ  Ι  Λ
Σ  Ί  Ί  Λ  Ψ  Ρ  Έ  Ή  Κ  Ι  Μ  Α  Ν  Υ  Δ  Ι
Ζ  Υ  Γ  Ί  Ζ  Ω  Ό  Λ  Χ  Έ  Α  Τ  Λ  Α  Ι  Κ
Ω  Ε  Υ  Ξ  Ρ  Μ  Ρ  Ο  Ι  Ε  Π  Ψ  Έ  Γ  Τ  Ή
Ν  Β  Έ  Ε  Ξ  Ε  Α  Ρ  Α  Ψ  Υ  Ε  Ψ  Ε  Δ  Ί
```

ΑΠΌΣΤΑΣΗ	ΜΑΓΝΗΤΙΣΜΌΣ
ΆΞΟΝΑΣ	ΜΗΧΑΝΙΚΉ
ΤΡΟΧΙΆ	ΦΥΣΙΚΉ
ΚΊΝΗΣΗ	ΑΝΑΚΆΛΥΨΗ
ΚΈΝΤΡΟ	ΤΑΧΎΤΗΤΑ
ΠΊΕΣΗ	ΏΡΑ
ΔΥΝΑΜΙΚΉ	ΕΠΈΚΤΑΣΗ
ΙΔΙΌΤΗΤΑ	ΚΑΘΟΛΙΚΉ
ΖΥΓΊΖΩ	ΤΡΙΒΉ

80 - Rijden

```
Τ  Χ  Β  Α  Τ  Ύ  Χ  Η  Μ  Α  Α  Μ  Γ  Β  Β  Ξ
Κ  Α  Ί  Μ  Ο  Ν  Υ  Τ  Σ  Α  Σ  Ο  Ι  Ρ  Έ  Α
Φ  Α  Χ  Σ  Ή  Ρ  Α  Γ  Γ  Α  Φ  Τ  Ρ  Κ  Χ  Σ
Ο  Έ  Ύ  Ύ  Ω  Ι  Ξ  Λ  Μ  Ν  Ά  Ο  Α  Ι  Χ  Π
Ρ  Κ  Μ  Σ  Τ  Ω  Σ  Ν  Έ  Ω  Λ  Σ  Α  Ν  Ο  Χ
Τ  Υ  Ψ  Ί  Ι  Η  Τ  Ρ  Ά  Χ  Ε  Υ  Υ  Δ  Έ  Ί
Η  Κ  Ξ  Σ  Ε  Μ  Τ  Τ  Ν  Μ  Ι  Κ  Τ  Ύ  Ω  Ψ
Γ  Λ  Ά  Τ  Σ  Π  Ο  Α  Δ  Λ  Α  Λ  Ο  Ν  Φ  Ο
Ό  Ο  Δ  Μ  Ο  Τ  Έ  Ρ  Λ  Χ  Ο  Έ  Κ  Ο  Ρ  Β
Χ  Φ  Ε  Υ  Υ  Ι  Η  Ί  Ε  Σ  Χ  Τ  Ί  Υ  Έ  Β
Ξ  Ο  Ι  Π  Ε  Ζ  Ό  Σ  Η  Μ  Ω  Α  Ν  Μ  Ν  Α
Ρ  Ρ  Α  Α  Ν  Δ  Χ  Λ  Α  Σ  Ξ  Τ  Η  Σ  Α  Ο
Σ  Ί  Ε  Τ  Ζ  Ά  Ρ  Α  Κ  Γ  Ρ  Ω  Τ  Δ  Σ  Δ
Ρ  Α  Ξ  Ο  Ξ  Έ  Χ  Ό  Η  Χ  Π  Υ  Ο  Ξ  Έ  Ν
Χ  Ψ  Ε  Υ  Η  Ξ  Ί  Β  Μ  Ο  Έ  Ρ  Ρ  Ρ  Μ  Ο
Ν  Γ  Ω  Η  Σ  Ξ  Ι  Τ  Σ  Ο  Μ  Ό  Ρ  Δ  Ν  Σ
```

ΑΥΤΟΚΊΝΗΤΟ	ΑΣΤΥΝΟΜΊΑ
ΚΑΎΣΙΜΟ	ΦΡΈΝΑ
ΓΚΑΡΆΖ	ΤΑΧΎΤΗΤΑ
ΑΈΡΙΟ	ΔΡΌΜΟ
ΚΙΝΔΎΝΟΥ	ΣΉΡΑΓΓΑ
ΧΆΡΤΗ	ΑΣΦΆΛΕΙΑ
ΆΔΕΙΑ	ΚΥΚΛΟΦΟΡΊΑ
ΜΟΤΈΡ	ΠΕΖΌΣ
ΜΟΤΟΣΥΚΛΈΤΑ	ΦΟΡΤΗΓΟ
ΑΤΎΧΗΜΑ	ΔΡΌΜΟΣ

81 - Wetenschap

Κ	Π	Ε	Δ	Χ	Ω	Ω	Ο	Β	Γ	Ο	Ρ	Ι	Υ	Π	Ρ
Λ	Ε	Ξ	Ν	Ε	Π	Α	Ρ	Α	Τ	Ή	Ρ	Η	Σ	Η	Ο
Ί	Ί	Έ	Σ	Ο	Δ	Ο	Θ	Έ	Μ	Δ	Γ	Ρ	Ο	Ί	Ω
Μ	Ρ	Λ	Π	Έ	Ω	Ο	Ι	Ρ	Ή	Τ	Σ	Α	Γ	Ρ	Ε
Α	Α	Ι	Μ	Τ	Σ	Ό	Μ	Σ	Ι	Ν	Α	Γ	Ρ	Ο	Γ
Ί	Μ	Ξ	Ξ	Ψ	Ψ	Ι	Β	Έ	Β	Γ	Ξ	Ω	Γ	Ψ	Υ
Η	Α	Η	Ή	Χ	Α	Ν	Ι	Μ	Ν	Η	Χ	Β	Έ	Δ	Β
Έ	Η	Π	Τ	Κ	Η	Σ	Ύ	Φ	Σ	Α	Ά	Ψ	Έ	Δ	Ο
Ν	Σ	Α	Ψ	Χ	Ι	Μ	Σ	Ω	Μ	Α	Τ	Ί	Δ	Ι	Α
Γ	Ε	Γ	Ο	Ν	Ό	Σ	Ι	Ι	Β	Ε	Κ	Έ	Ε	Ω	Ί
Ρ	Θ	Ω	Μ	Έ	Ν	Έ	Υ	Κ	Ω	Β	Υ	Ο	Ρ	Β	Λ
Λ	Ό	Μ	Ό	Ρ	Ι	Α	Ξ	Φ	Ή	Τ	Ρ	Λ	Λ	Π	Π
Ε	Π	Ι	Σ	Τ	Ή	Μ	Ο	Ν	Α	Σ	Ο	Μ	Ο	Τ	Ά
Ί	Υ	Α	Π	Ο	Λ	Ί	Θ	Ω	Μ	Α	Α	Ξ	Λ	Μ	Ί
Β	Α	Ρ	Ύ	Τ	Η	Τ	Α	Γ	Ν	Α	Ί	Υ	Ν	Α	Β
Σ	Ω	Ο	Ε	Ε	Ψ	Ι	Υ	Η	Ν	Ε	Λ	Τ	Λ	Ψ	Α

ΆΤΟΜΟ
ΧΗΜΙΚΉ
ΣΩΜΑΤΊΔΙΑ
ΕΞΈΛΙΞΗ
ΠΕΊΡΑΜΑ
ΓΕΓΟΝΌΣ
ΑΠΟΛΊΘΩΜΑ
ΔΕΔΟΜΈΝΑ
ΥΠΌΘΕΣΗ
ΚΛΊΜΑ

ΕΡΓΑΣΤΉΡΙΟ
ΜΈΘΟΔΟΣ
ΟΡΥΚΤΆ
ΜΌΡΙΑ
ΦΎΣΗ
ΦΥΣΙΚΉ
ΠΑΡΑΤΉΡΗΣΗ
ΟΡΓΑΝΙΣΜΌΣ
ΕΠΙΣΤΉΜΟΝΑΣ
ΒΑΡΎΤΗΤΑ

82 - Natuurkunde

```
Κ  Σ  Ό  Μ  Σ  Ι  Τ  Η  Ν  Γ  Α  Μ  Έ  Υ  Ρ  Η
Α  Ψ  Β  Η  Σ  Χ  Ε  Τ  Ι  Κ  Ό  Τ  Η  Τ  Α  Λ
Θ  Π  Έ  Χ  Τ  Ι  Ο  Ι  Δ  Ί  Τ  Α  Μ  Ω  Σ  Ε
Ο  Υ  Ρ  Α  Α  Ν  Γ  Ο  Γ  Ρ  Α  Έ  Έ  Χ  Ν  Κ
Λ  Κ  Π  Ν  Τ  Γ  Υ  Δ  Δ  Ι  Χ  Ε  Τ  Ο  Π  Τ
Ι  Ν  Τ  Ι  Η  Ε  Έ  Ω  Ί  Δ  Ύ  Δ  Γ  Μ  Β  Ρ
Κ  Ό  Έ  Κ  Τ  Π  Ψ  Ω  Ψ  Η  Τ  Ε  Ι  Ι  Μ  Ό
Ή  Τ  Τ  Ή  Ό  Ά  Ω  Μ  Ί  Μ  Η  Π  Μ  Δ  Η  Ν
Υ  Η  Υ  Ψ  Ν  Μ  Τ  Η  Π  Τ  Τ  Ι  Β  Έ  Α  Ι
Ή  Τ  Ε  Β  Χ  Γ  Ά  Ο  Ξ  Γ  Α  Τ  Α  Ρ  Π  Ο
Κ  Α  Γ  Ρ  Υ  Ο  Δ  Ζ  Μ  Σ  Μ  Ά  Ρ  Ψ  Υ  Ι
Ι  Ψ  Δ  Η  Σ  Α  Έ  Ν  Α  Ο  Η  Χ  Ύ  Π  Λ  Υ
Μ  Ό  Ρ  Ι  Ο  Ε  Έ  Ο  Χ  Π  Χ  Υ  Τ  Υ  Τ  Χ
Η  Ο  Μ  Γ  Ά  Σ  Λ  Ρ  Λ  Ύ  Α  Ν  Η  Η  Ί  Υ
Χ  Π  Λ  Σ  Χ  Β  Έ  Χ  Ι  Τ  Ν  Σ  Τ  Ί  Μ  Ι
Ν  Π  Ε  Ί  Ρ  Α  Μ  Α  Ε  Ο  Ή  Η  Α  Ρ  Ψ  Δ
```

ΆΤΟΜΟ	ΜΑΓΝΗΤΙΣΜΌΣ
ΧΆΟΣ	ΜΆΖΑ
ΧΗΜΙΚΉ	ΜΗΧΑΝΙΚΉ
ΣΩΜΑΤΊΔΙΟ	ΜΌΡΙΟ
ΠΥΚΝΌΤΗΤΑ	ΜΗΧΑΝΉ
ΗΛΕΚΤΡΌΝΙΟ	ΣΧΕΤΙΚΌΤΗΤΑ
ΠΕΊΡΑΜΑ	ΤΑΧΎΤΗΤΑ
ΤΎΠΟΣ	ΚΑΘΟΛΙΚΉ
ΣΥΧΝΌΤΗΤΑ	ΕΠΙΤΆΧΥΝΣΗ
ΑΈΡΙΟ	ΒΑΡΎΤΗΤΑ

83 - Muziekinstrumenten

```
Β Έ Υ Ο Τ Ό Κ Γ Α Φ Σ Ε Δ Σ Λ Έ
Ο Ι Ψ Ν Κ Ρ Χ Χ Σ Ί Λ Ο Ι Β Μ Μ
Δ Γ Ο Ί Γ Α Ο Ζ Τ Ν Ά Π Μ Η Χ Ν
Υ Α Τ Λ Ν Κ Τ Μ Σ Ο Τ Μ Υ Ξ Λ Ρ
Ρ Ι Έ Ο Ο Ι Ι Ρ Π Η Ί Ό Η Ρ Ρ Έ
Δ Ν Ν Τ Κ Ν Τ Ρ Ο Έ Σ Δ Υ Χ Ι Σ
Ν Σ Ι Ν Γ Ό Τ Υ Λ Μ Τ Ί Β Α Ι Μ
Ί Τ Ρ Α Ω Μ Η Σ Η Ω Π Α Π Ρ Ά Α
Ψ Ε Α Μ Γ Ρ Π Ν Έ Γ Ρ Ό Ι Ξ Χ Ρ
Η Η Λ Τ Ί Α Ω Σ Υ Λ Β Γ Ν Ψ Γ Ί
Λ Ι Κ Π Η Σ Ύ Ο Ρ Κ Ο Β Χ Ι Β Μ
Ν Τ Έ Φ Ι Υ Φ Λ Ά Ο Υ Τ Ο Ξ Μ Π
Π Ι Ά Ν Ο Φ Λ Τ Ύ Μ Π Α Ν Ο Λ Α
Ψ Σ Α Ξ Ό Φ Ω Ν Ο Σ Κ Ι Θ Ά Ρ Α
Τ Ι Ο Ε Π Τ Έ Ρ Α Η Σ Χ Γ Μ Ν Μ
Β Π Π Ψ Ε Ε Λ Η Α Έ Υ Λ Α Ξ Ρ Ψ
```

ΜΠΆΝΤΖΟ	ΜΑΡΊΜΠΑ
ΒΙΟΛΟΝΤΣΈΛΟ	ΦΥΣΑΡΜΌΝΙΚΑ
ΦΑΓΚΌΤΟ	ΚΡΟΎΣΗ
ΦΛΆΟΥΤΟ	ΠΙΆΝΟ
ΚΙΘΆΡΑ	ΣΑΞΌΦΩΝΟ
ΓΚΟΝΓΚ	ΝΤΈΦΙ
ΆΡΠΑ	ΤΡΟΜΠΌΝΙ
ΌΜΠΟΕ	ΤΎΜΠΑΝΟ
ΚΛΑΡΙΝΈΤΟ	ΤΡΟΜΠΈΤΑ
ΜΑΝΤΟΛΊΝΟ	ΒΙΟΛΊ

84 - Ethiek

```
Ε  Α  Τ  Η  Τ  Ό  Κ  Ι  Τ  Κ  Ε  Ν  Α  Ξ  Ί  Φ
Τ  Λ  Ρ  Σ  Ο  Φ  Ί  Α  Β  Ι  Χ  Α  Ξ  Η  Ι  Ι
Τ  Τ  Ε  Ψ  Ε  Ε  Γ  Δ  Ι  Λ  Ν  Τ  Ι  Σ  Ε  Λ
Δ  Ρ  Λ  Ι  Α  Κ  Ε  Ρ  Α  Ι  Ό  Τ  Η  Τ  Α  Ο
Ψ  Ο  Ε  Α  Τ  Ρ  Ε  Α  Λ  Ι  Σ  Μ  Ο  Σ  Ε  Σ
Υ  Υ  Ύ  Χ  Η  Ν  Ύ  Σ  Ο  Λ  Α  Κ  Β  Λ  Υ  Ο
Α  Ι  Λ  Α  Τ  Η  Τ  Ό  Π  Ω  Ρ  Θ  Ν  Α  Ρ  Φ
Ξ  Σ  Ο  Έ  Ό  Κ  Ι  Τ  Α  Μ  Ω  Λ  Π  Ι  Δ  Ί
Ι  Μ  Γ  Β  Κ  Σ  Υ  Ν  Ε  Ρ  Γ  Α  Σ  Ί  Α  Α
Ε  Ό  Ο  Α  Ι  Ν  Ό  Π  Μ  Υ  Σ  Υ  Ξ  Β  Ι  Ί
Σ  Σ  Μ  Β  Γ  Α  Ι  Ε  Π  Έ  Ρ  Π  Ο  Ι  Ξ  Α
Ί  Α  Ί  Ξ  Ο  Δ  Ο  Ι  Σ  Ι  Α  Ο  Υ  Σ  Ί  Π
Β  Τ  Ψ  Ο  Λ  Ρ  Ψ  Ν  Ρ  Ε  Ε  Μ  Ν  Μ  Π  Έ
Α  Τ  Ο  Μ  Ι  Κ  Ι  Σ  Μ  Ό  Σ  Ο  Ψ  Ε  Β  Ω
Ε  Ι  Λ  Ι  Κ  Ρ  Ί  Ν  Ε  Ι  Α  Ν  Έ  Ψ  Ν  Ο
Ν  Μ  Ι  Σ  Ε  Ω  Β  Έ  Τ  Ψ  Β  Ή  Π  Β  Ι  Δ
```

ΑΛΤΡΟΥΙΣΜΌΣ
ΔΙΠΛΩΜΑΤΙΚΌ
ΕΙΛΙΚΡΊΝΕΙΑ
ΦΙΛΟΣΟΦΊΑ
ΥΠΟΜΟΝΉ
ΑΤΟΜΙΚΙΣΜΌΣ
ΑΚΕΡΑΙΌΤΗΤΑ
ΣΥΜΠΌΝΙΑ
ΑΝΘΡΩΠΌΤΗΤΑ
ΑΙΣΙΟΔΟΞΊΑ

ΛΟΓΙΚΌΤΗΤΑ
ΡΕΑΛΙΣΜΟΣ
ΕΎΛΟΓΟ
ΣΥΝΕΡΓΑΣΊΑ
ΑΝΕΚΤΙΚΌΤΗΤΑ
ΚΑΛΟΣΎΝΗ
ΑΞΙΕΣ
ΑΞΙΟΠΡΈΠΕΙΑ
ΣΟΦΊΑ

85 - Antiek

```
Μ  Λ  Τ  Α  Σ  Ο  Τ  Έ  Σ  Έ  Ί  Α  Ν  Β  Κ  Ε
Κ  Έ  Ρ  Μ  Α  Τ  Α  Π  Π  Υ  Δ  Γ  Ξ  Ε  Ο  Π
Ι  Χ  Ζ  Ε  Ν  Σ  Ν  Ι  Τ  Ο  Λ  Υ  Τ  Σ  Μ  Έ
Γ  Ί  Ω  Ν  Ώ  Ι  Τ  Π  Γ  Χ  Ι  Λ  Ω  Έ  Ψ  Ν
Λ  Έ  Γ  Θ  Ι  Θ  Ψ  Λ  Β  Η  Τ  Ό  Ο  Έ  Ό  Δ
Υ  Ο  Ρ  Ο  Α  Ή  Ί  Α  Ε  Ν  Γ  Ρ  Τ  Γ  Η  Υ
Π  Α  Α  Υ  Λ  Ν  Μ  Ψ  Σ  Α  Ψ  Ο  Ε  Η  Ή  Σ
Τ  Υ  Φ  Σ  Χ  Υ  Ο  Ι  Ξ  Π  Ι  Ι  Χ  Τ  Τ  Η
Ι  Θ  Ι  Ι  Ί  Σ  Α  Ν  Τ  Χ  Ξ  Π  Η  Γ  Ι  Α
Κ  Ε  Κ  Ώ  Γ  Α  Ί  Σ  Α  Ρ  Π  Ο  Μ  Η  Δ  Ξ
Ή  Ν  Ή  Δ  Α  Π  Ο  Κ  Α  Τ  Ά  Σ  Τ  Α  Σ  Η
Π  Τ  Β  Η  Ξ  Μ  Σ  Υ  Λ  Λ  Έ  Κ  Τ  Η  Σ  Ν
Α  Ι  Ω  Σ  Γ  Δ  Τ  Ν  Ε  Γ  Β  Α  Ψ  Δ  Ν  Χ
Λ  Κ  Τ  Τ  Έ  Τ  Ξ  Λ  Τ  Π  Δ  Π  Ω  Υ  Σ  Έ
Ι  Ό  Λ  Ο  Η  Λ  Χ  Υ  Δ  Β  Ι  Χ  Ν  Μ  Ρ  Τ
Ό  Κ  Ι  Τ  Η  Μ  Σ  Ο  Κ  Α  Ι  Δ  Λ  Α  Ψ  Σ
```

ΑΥΘΕΝΤΙΚΌ	ΈΠΙΠΛΑ
ΓΛΥΠΤΙΚΉ	ΚΈΡΜΑΤΑ
ΔΙΑΚΟΣΜΗΤΙΚΌ	ΑΣΥΝΉΘΙΣΤΟ
ΑΙΏΝΑΣ	ΠΑΛΙΌ
ΚΟΜΨΌ	ΤΙΜΉ
ΣΥΛΛΟΓΉ	ΑΠΟΚΑΤΆΣΤΑΣΗ
ΕΠΈΝΔΥΣΗ	ΖΩΓΡΑΦΙΚΉ
ΤΈΧΝΗ	ΣΤΥΛ
ΠΟΙΌΤΗΤΑ	ΔΗΜΟΠΡΑΣΊΑ
ΕΝΘΟΥΣΙΏΔΗΣ	ΣΥΛΛΈΚΤΗΣ

86 - Activiteiten en Vrije Ti

```
Κ  Δ  Λ  Α  Σ  Β  Δ  Π  Π  Τ  Έ  Ν  Ι  Σ  Ρ  Ξ
Δ  Ά  Ρ  Τ  Μ  Ό  Χ  Υ  Ο  Ν  Ν  Έ  Δ  Π  Ε  Μ
Β  Κ  Μ  Ε  Ε  Λ  Υ  Λ  Δ  Γ  Λ  Γ  Β  Ν  Ρ  Σ
Ί  Α  Α  Π  Υ  Ε  Α  Ν  Ό  Μ  Γ  Κ  Ο  Λ  Φ  Β
Ί  Τ  Υ  Π  Ι  Ϊ  Ι  Λ  Σ  Γ  Π  Π  Β  Ί  Ο  Ε
Ί  Α  Έ  Λ  Π  Ν  Λ  Μ  Φ  Γ  Π  Ο  Ο  Μ  Α  Λ
Τ  Δ  Σ  Κ  Μ  Ν  Γ  Α  Ο  Σ  Σ  Ξ  Ω  Ό  Χ
Α  Ύ  Ο  Γ  Ό  Μ  Ή  Κ  Ι  Ρ  Υ  Ο  Π  Η  Κ  Ζ
Ξ  Σ  Η  Ν  Χ  Έ  Τ  Ν  Ρ  Ν  Ί  Ψ  Ω  Η  Ι  Ω
Ί  Ε  Χ  Ι  Ρ  Ν  Μ  Υ  Ο  Ι  Ξ  Έ  Ο  Σ  Τ  Γ
Δ  Ι  Η  Φ  Ψ  Π  Ε  Ζ  Ο  Π  Ο  Ρ  Ί  Α  Ω  Ρ
Ι  Σ  Μ  Ρ  Χ  Ά  Ν  Γ  Ρ  Ν  Υ  Ο  Ξ  Υ  Ρ  Α
Ι  Ι  Τ  Έ  Β  Δ  Ρ  Ω  Τ  Η  Π  Τ  Σ  Μ  Α  Φ
Μ  Π  Ά  Σ  Κ  Ε  Τ  Ε  Η  Ψ  Ε  Λ  Υ  Α  Λ  Ι
Έ  Γ  Χ  Ω  Η  Σ  Η  Β  Μ  Ύ  Λ  Ο  Κ  Ο  Ω  Α  Κ
Μ  Π  Έ  Ι  Ζ  Μ  Π  Ο  Λ  Α  Λ  Ο  Δ  Τ  Χ  Ή
```

ΜΠΆΣΚΕΤ
ΜΠΟΞ
ΚΑΤΑΔΎΣΕΙΣ
ΓΚΟΛΦ
ΨΆΡΕΜΑ
ΧΌΜΠΙ
ΜΠΈΙΖΜΠΟΛ
ΚΆΜΠΙΝΓΚ
ΤΈΧΝΗ
ΧΑΛΑΡΩΤΙΚΌ

ΤΑΞΊΔΙ
ΖΩΓΡΑΦΙΚΉ
ΣΈΡΦΙΝΓΚ
ΤΈΝΙΣ
ΚΗΠΟΥΡΙΚΉ
ΠΟΔΌΣΦΑΙΡΟ
ΒΌΛΕΪ
ΠΕΖΟΠΟΡΊΑ
ΚΟΛΎΜΒΗΣΗ

87 - Water

```
Ι  Δ  Ι  Ρ  Ο  Τ  Χ  Ε  Ι  Β  Σ  Ν  Ρ  Τ  Π  Ξ
Τ  Έ  Η  Α  Μ  Ω  Έ  Ξ  Γ  Ρ  Ε  Έ  Έ  Σ  Λ  Η
Μ  Σ  Υ  Ρ  Α  Β  Ψ  Ά  Γ  Ο  Ί  Ξ  Έ  Ξ  Η  Δ
Τ  Α  Τ  Α  Μ  Ύ  Κ  Τ  Ε  Χ  Ρ  Η  Λ  Χ  Μ  Π
Δ  Ί  Λ  Σ  Ψ  Ο  Ι  Μ  Ω  Ή  Α  Π  Π  Ν  Μ  Α
Υ  Σ  Σ  Ν  Ξ  Μ  Μ  Ι  Λ  Ε  Γ  Α  Μ  Ε  Ύ  Γ
Γ  Α  Γ  Γ  Σ  Ι  Λ  Σ  Ό  Ν  Α  Ε  Κ  Ω  Ρ  Ω
Ά  Ρ  Δ  Ε  Υ  Σ  Η  Η  Ο  Ν  Σ  Ι  Κ  Ψ  Α  Ν
Μ  Γ  Π  Η  Ο  Ό  Ν  Ξ  Σ  Γ  Α  Μ  Α  Υ  Σ  Ι
Π  Υ  Ε  Ρ  Τ  Π  Μ  Ω  Σ  Μ  Ά  Δ  Ν  Γ  Λ  Ά
Υ  Π  Δ  Χ  Ν  Μ  Ί  Ω  Β  Σ  Β  Π  Ά  Ρ  Σ  Ε
Χ  Ν  Ί  Ύ  Έ  Λ  Λ  Υ  Υ  Χ  Ρ  Ρ  Λ  Ό  Ε  Τ
Ι  Χ  Ι  Ο  Υ  Ρ  Ι  Κ  Α  Ν  Α  Σ  Ι  Η  Υ  Δ
Ό  Ί  Α  Μ  Ω  Δ  Μ  Μ  Σ  Ν  Β  Α  Δ  Σ  Ο  Π
Ν  Π  Ο  Τ  Α  Μ  Ό  Σ  Α  Ν  Ώ  Σ  Υ  Ο  Μ  Μ
Ι  Έ  Α  Α  Π  Δ  Ο  Λ  Γ  Β  Ο  Ι  Τ  Ε  Η  Ω
```

ΝΤΟΥΣ	ΠΛΗΜΜΎΡΑ
ΠΌΣΙΜΟ	ΒΡΟΧΉ
ΚΎΜΑΤΑ	ΠΟΤΑΜΌΣ
ΠΆΓΟΣ	ΧΙΌΝΙ
ΆΡΔΕΥΣΗ	ΑΤΜΟΎ
ΚΑΝΆΛΙ	ΕΞΆΤΜΙΣΗ
ΛΊΜΝΗ	ΥΓΡΌ
ΜΟΥΣΏΝΑΣ	ΥΓΡΑΣΊΑ
ΩΚΕΑΝΌΣ	ΠΑΓΩΝΙΆ
ΧΙΟΥΡΙΚΑΝΑΣ	

88 - Koffie

```
Υ  Ξ  Π  Χ  Ο  Ν  Τ  Ω  Έ  Ψ  Ρ  Ω  Β  Μ  Α  Σ
Ή  Ο  Έ  Η  Σ  Ύ  Ε  Γ  Ό  Ά  Ν  Α  Ι  Σ  Γ  Έ
Μ  Ρ  Ν  Ό  Ρ  Γ  Υ  Ρ  Η  Ρ  Α  Χ  Ά  Ζ  Ά  Ψ
Ι  Ύ  Κ  Ξ  Ρ  Η  Γ  Π  Ό  Ω  Δ  Ν  Α  Ξ  Λ  Ν
Τ  Α  Τ  Ι  Δ  Ν  Μ  Σ  Μ  Μ  Γ  Υ  Τ  Δ  Α  Ν
Η  Μ  Ο  Ν  Π  '  Β  Λ  Α  Α  Χ  Ρ  Έ  Σ  Έ  Α
Μ  Ό  Τ  Ο  Π  ¨  Σ  Ω  Γ  Ο  Β  Σ  Έ  Ω  Π  Χ
Α  Β  Π  Ρ  Ι  Ι  Υ  Δ  Ε  Σ  Ο  Ξ  Ι  Ψ  Β  Έ
Τ  Σ  Μ  Τ  Ψ  Ε  Ξ  Ο  Ω  Α  Ι  Έ  Έ  Μ  Χ  Ί
Λ  Χ  Π  Λ  Ρ  Φ  Δ  Ο  Γ  Ί  Ω  Ε  Υ  Έ  Δ  Ι
Δ  Τ  Τ  Ί  Ρ  Α  Λ  Έ  Θ  Ω  Ν  Π  Χ  Ν  Ν  Υ
Ρ  Δ  Ψ  Φ  Ί  Κ  Μ  Δ  Η  Ρ  Ε  Γ  Γ  Μ  Υ  Η
Ω  Ε  Τ  Ψ  Ω  Π  Τ  Έ  Χ  Π  Β  Λ  Ξ  Ι  Ω  Ξ
Α  Η  Σ  Υ  Ε  Λ  Έ  Ο  Ρ  Π  Υ  Ν  Ξ  Δ  Ι  Γ
Λ  Ι  Ρ  Ο  Λ  Λ  Ε  Π  Ύ  Κ  Η  Ξ  Γ  Ψ  Ω  Ι
Π  Ο  Ι  Κ  Ι  Λ  Ί  Α  Π  Χ  Ε  Ψ  Η  Χ  Έ  Χ
```

ΆΡΩΜΑ
ΚΎΠΕΛΛΟ
ΠΙΚΡΉ
ΚΑΦΕΪΝΗ
ΠΟΤΌ
ΦΊΛΤΡΟ
ΑΛΈΘΩ
ΓΆΛΑ
ΠΡΩΪ
ΠΡΟΈΛΕΥΣΗ

ΤΙΜΉ
ΚΡΈΜΑ
ΓΕΎΣΗ
ΖΆΧΑΡΗ
ΠΟΙΚΙΛΊΑ
ΥΓΡΌ
ΝΕΡΌ
ΌΞΙΝΟ
ΜΑΎΡΟ

89 - Boerderij #1

```
Λ  Ξ  Ξ  Ψ  Μ  Ί  Μ  Ρ  Χ  Ψ  Π  Γ  Χ  Η  Τ  Ο
Ν  Λ  Ξ  Ρ  Υ  Μ  Ρ  Δ  Ν  Ι  Ι  Δ  Ά  Π  Ο  Κ
Ν  Ι  Ο  Ρ  Ό  Π  Σ  Ι  Τ  Φ  Υ  Έ  Ο  Τ  Ξ  Π
Α  Η  Υ  Γ  Ν  Ε  Γ  Ί  Δ  Α  Ρ  Υ  Ό  Ν  Α  Σ
Υ  Γ  Ο  Ο  Γ  Δ  Ο  Ε  Ν  Ό  Ψ  Α  Ν  Υ  Λ  Η
Έ  Ν  Ι  Ρ  Α  Ί  Ι  Κ  Ά  Ρ  Ο  Κ  Κ  Υ  Ξ  Ε
Σ  Ν  Ε  Π  Ϊ  Ο  Ρ  Σ  Ι  Ε  Υ  Α  Ν  Τ  Η  Σ
Κ  Ω  Υ  Ξ  Δ  Ν  Ά  Σ  Ι  Ν  Μ  Ψ  Ν  Π  Η  Ξ
Ύ  Λ  Χ  Λ  Ο  Ν  Χ  Λ  Ο  Υ  Λ  Ε  Α  Δ  Ν  Σ
Λ  Λ  Ω  Δ  Ύ  Γ  Σ  Λ  Π  Μ  Ί  Ι  Υ  Ε  Ρ  Σ
Ο  Ο  Ν  Ω  Ρ  Ξ  Ο  Λ  Υ  Ο  Π  Ό  Τ  Ο  Κ  Υ
Σ  Ί  Σ  Ω  Ι  Μ  Μ  Λ  Μ  Β  Α  Ρ  Ύ  Ζ  Ι  Ο
Α  Γ  Ε  Λ  Ά  Δ  Α  Ε  Ά  Α  Σ  Σ  Ι  Λ  Έ  Μ
Γ  Ε  Ω  Ρ  Γ  Ί  Α  Ι  Γ  Ψ  Μ  Π  Τ  Μ  Ξ  Α
Σ  Β  Λ  Ω  Ν  Η  Λ  Δ  Γ  Χ  Α  Μ  Έ  Λ  Ι  Έ
Έ  Ψ  Δ  Γ  Ν  Ω  Έ  Ρ  Π  Σ  Ί  Ρ  Μ  Π  Ε  Ο
```

ΜΈΛΙΣΣΑ	ΑΓΕΛΆΔΑ
ΓΑΪΔΟΎΡΙ	ΚΟΡΆΚΙ
ΓΊΔΑ	ΚΟΠΆΔΙ
ΦΡΑΚΤΗΣ	ΓΕΩΡΓΊΑ
ΣΚΎΛΟΣ	ΛΊΠΑΣΜΑ
ΜΈΛΙ	ΆΛΟΓΟ
ΣΑΝΌ	ΡΎΖΙ
ΜΟΣΧΆΡΙ	ΠΕΔΊΟ
ΓΆΤΑ	ΝΕΡΌ
ΚΟΤΌΠΟΥΛΟ	ΣΠΌΡΟΙ

90 - Huis

```
Τ  Ν  Σ  Υ  Ο  Τ  Ν  Α  Π  Π  Ζ  Ά  Ρ  Α  Κ  Γ
Υ  Γ  Τ  Ο  Β  Δ  Ψ  Ρ  Α  Π  Δ  Ψ  Κ  Τ  Α  Φ
Ρ  Λ  Έ  Κ  Ή  Π  Ο  Σ  Ν  Ρ  Β  Ψ  Ο  Ρ  Θ  Ρ
Ο  Π  Γ  Η  Ε  Ω  Ο  Έ  Ω  Ω  Ρ  Η  Υ  Ό  Ρ  Α
Α  Δ  Η  Κ  Ή  Θ  Ο  Ι  Λ  Β  Ι  Β  Ζ  Π  Ε  Κ
Έ  Π  Ι  Π  Λ  Α  Ι  Ι  Κ  Ψ  Ε  Γ  Ί  Σ  Φ  Τ
Ν  Ι  Ω  Μ  Ν  Μ  Τ  Ω  Ε  Α  Η  Π  Ν  Ι  Τ  Η
Τ  Υ  Ν  Χ  Ο  Α  Ά  Σ  Ω  Γ  Μ  Ν  Α  Έ  Η  Σ
Ί  Ο  Α  Έ  Υ  Έ  Μ  Κ  Ψ  Ο  Ό  Ι  Δ  Ί  Σ  Υ
Ω  Π  Ί  Λ  Α  Χ  Ω  Ο  Η  Τ  Ο  Π  Ν  Ί  Δ  Υ
Ο  Ν  Τ  Χ  Δ  Ι  Δ  Ύ  Ι  Ο  Μ  Ρ  Υ  Ά  Ε  Μ
Γ  Σ  Σ  Β  Ο  Λ  Έ  Π  Μ  Μ  Χ  Ν  Τ  Λ  Δ  Ί
Π  Χ  Τ  Η  Ω  Σ  Δ  Α  Ο  Έ  Ξ  Ο  Μ  Ά  Π  Α
Υ  Π  Ν  Ο  Δ  Ω  Μ  Ά  Τ  Ι  Ο  Δ  Χ  Μ  Χ  Υ
Β  Τ  Ε  Ί  Ρ  Τ  Ζ  Ά  Κ  Ι  Ί  Τ  Ο  Π  Έ  Έ
Μ  Π  Ι  Π  Π  Τ  Α  Β  Ά  Ν  Ι  Μ  Π  Α  Ί  Υ
```

ΣΚΟΎΠΑ	ΚΟΥΖΊΝΑ
ΒΙΒΛΙΟΘΉΚΗ	ΛΆΜΠΑ
ΣΤΈΓΗ	ΈΠΙΠΛΑ
ΠΌΡΤΑ	ΤΟΊΧΟΣ
ΝΤΟΥΣ	ΤΑΒΆΝΙ
ΓΚΑΡΆΖ	ΚΑΜΙΝΆΔΑ
ΤΖΆΚΙ	ΥΠΝΟΔΩΜΆΤΙΟ
ΦΡΑΚΤΗΣ	ΚΑΘΡΕΦΤΗΣ
ΔΩΜΆΤΙΟ	ΧΑΛΊ
ΥΠΌΓΕΙΟ	ΚΉΠΟΣ

91 - Geometrie

```
Ε  Κ  Μ  Λ  Σ  Β  Ο  Ρ  Μ  Ι  Ν  Γ  Ω  Λ  Ί  Σ
Ί  Ά  Ω  Υ  Υ  Ξ  Ρ  Δ  Τ  Β  Ν  Α  Ω  Η  Έ  Υ
Ξ  Θ  Ί  Δ  Μ  Τ  Ι  Ξ  Π  Υ  Τ  Ί  Δ  Ν  Έ  Σ
Μ  Ε  Ω  Ω  Μ  Ρ  Ζ  Ε  Ξ  Ί  Σ  Ω  Σ  Η  Ί  Γ
Ν  Τ  Ψ  Λ  Ε  Ι  Ό  Υ  Ψ  Ε  Ο  Η  Μ  Χ  Γ  Α
Τ  Ο  Γ  Τ  Τ  Γ  Ν  Ω  Λ  Β  Λ  Ι  Γ  Α  Χ  Ί
Π  Σ  Ι  Π  Ρ  Ώ  Τ  Μ  Ρ  Σ  Κ  Χ  Ω  Σ  Έ  Ρ
Π  Έ  Ο  Ν  Ί  Ν  Ι  Έ  Ξ  Δ  Ύ  Ί  Σ  Ί  Τ  Ω
Α  Μ  Γ  Ψ  Α  Ο  Α  Σ  Α  Ι  Κ  Χ  Π  Μ  Ν  Ε
Ρ  Σ  Ά  Μ  Υ  Υ  Μ  Η  Κ  Α  Μ  Π  Ύ  Λ  Η  Θ
Ά  Δ  Ί  Ζ  Α  Ι  Ή  Ε  Π  Ι  Φ  Ά  Ν  Ε  Ι  Α
Λ  Έ  Λ  Λ  Α  Μ  Μ  Δ  Ι  Ά  Μ  Ε  Τ  Ρ  Ο  Σ
Λ  Α  Α  Π  Έ  Ο  Τ  Λ  Ο  Γ  Ι  Κ  Ή  Α  Ε  Ρ
Η  Ε  Έ  Ρ  Υ  Π  Ο  Λ  Ο  Γ  Ι  Σ  Μ  Ό  Σ  Ι
Λ  Ν  Γ  Έ  Σ  Μ  Έ  Π  Έ  Κ  Ά  Θ  Ε  Τ  Η  Ω
Η  Ω  Δ  Ι  Ά  Σ  Τ  Α  Σ  Η  Ω  Ξ  Λ  Έ  Ο  Η
```

ΥΠΟΛΟΓΙΣΜΌΣ	ΚΆΘΕΤΟΣ
ΚΎΚΛΟΣ	ΜΆΖΑ
ΚΑΜΠΎΛΗ	ΜΈΣΗ
ΔΙΆΜΕΤΡΟΣ	ΕΠΙΦΆΝΕΙΑ
ΔΙΆΣΤΑΣΗ	ΠΑΡΆΛΛΗΛΗ
ΤΡΙΓΏΝΟΥ	ΤΜΉΜΑ
ΓΩΝΊΑ	ΣΥΜΜΕΤΡΊΑ
ΎΨΟΣ	ΘΕΩΡΊΑ
ΟΡΙΖΌΝΤΙΑ	ΕΞΊΣΩΣΗ
ΛΟΓΙΚΉ	ΚΆΘΕΤΗ

92 - Jazz

```
Ί  Λ  Χ  Μ  Υ  Ο  Π  Μ  Λ  Ά  Τ  Ν  Τ  Χ  Ο  Ε
Β  Σ  Χ  Ε  Ο  Λ  Ό  Σ  Ο  Δ  Ί  Ε  Ε  Ν  Ρ  Ξ
Ι  Ξ  Σ  Ψ  Ι  Υ  Γ  Σ  Ρ  Π  Ξ  Σ  Χ  Χ  Χ  Π
Τ  Ρ  Τ  Π  Ι  Ρ  Σ  Ε  Λ  Σ  Δ  Ψ  Ν  Τ  Ή  Η
Σ  Σ  Β  Χ  Ε  Ο  Ο  Ι  Δ  Ν  Μ  Α  Ι  Ρ  Σ  Κ
Υ  Ψ  Ρ  Ε  Δ  Ί  Τ  Κ  Κ  Ν  Υ  Υ  Κ  Α  Τ  Α
Ο  Χ  Δ  Γ  Ω  Π  Ν  Ν  Ρ  Ή  Α  Ι  Ή  Γ  Ρ  Λ
Α  Γ  Α  Π  Η  Μ  Έ  Ν  Α  Ό  Ν  Έ  Α  Ο  Α  Λ
Η  Ο  Υ  Η  Σ  Λ  Λ  Ε  Χ  Ι  Τ  Ω  Β  Ύ  Λ  Ι
Τ  Ε  Β  Υ  Ε  Λ  Α  Ψ  Μ  Λ  Ι  Η  Ν  Δ  Ι  Τ
Έ  Σ  Λ  Η  Θ  Έ  Τ  Ν  Π  Α  Η  Σ  Μ  Ι  Ο  Έ
Θ  Μ  Α  Ί  Ν  Ο  Η  Ρ  Γ  Π  Ψ  Υ  Β  Α  Έ  Χ
Ν  Λ  Φ  Η  Ύ  Ο  Μ  Θ  Υ  Ρ  Π  Λ  Ε  Ν  Υ  Ν
Υ  Ξ  Τ  Α  Σ  Ω  Ί  Σ  Υ  Ν  Α  Υ  Λ  Ί  Α  Η
Σ  Ξ  Ί  Σ  Σ  Ε  Α  Ι  Η  Δ  Ψ  Τ  Π  Έ  Χ  Σ
Μ  Ρ  Έ  Η  Μ  Η  Σ  Ά  Ι  Δ  Λ  Σ  Ι  Ι  Ε  Ι
```

ΆΛΜΠΟΥΜ	ΈΜΦΑΣΗ
ΧΕΙΡΟΚΡΌΤΗΜΑ	ΝΈΑ
ΚΑΛΛΙΤΈΧΝΗΣ	ΟΡΧΉΣΤΡΑ
ΔΙΆΣΗΜΗ	ΠΑΛΙΌ
ΣΥΝΘΈΤΗ	ΡΥΘΜΟΎ
ΣΥΝΑΥΛΊΑ	ΣΎΝΘΕΣΗ
ΑΓΑΠΗΜΈΝΑ	ΣΌΛΟ
ΕΊΔΟΣ	ΣΤΥΛ
ΤΡΑΓΟΎΔΙ	ΤΑΛΈΝΤΟ
ΜΟΥΣΙΚΉ	ΤΕΧΝΙΚΉ

93 - Getallen

```
Δ  Ρ  Ο  Δ  Λ  Ο  Ο  Η  Δ  Δ  Ε  Ξ  Β  Ι  Ρ  Ψ
Ο  Ε  Α  Α  Α  Έ  Ξ  Ω  Ε  Ε  Π  Γ  Π  Ω  Ρ  Ξ
Σ  Ω  Κ  Ο  Η  Ν  Δ  Ε  Κ  Κ  Τ  Χ  Έ  Ρ  Ε  Τ
Ω  Ξ  Ι  Α  Α  Ι  Ί  Μ  Α  Α  Ά  Έ  Ν  Λ  Ο  Ε
Μ  Ι  Α  Κ  Έ  Η  Σ  Α  Π  Ο  Έ  Β  Τ  Σ  Έ  Ω
Δ  Ύ  Ο  Ε  Ν  Ξ  Ν  Ω  Έ  Κ  Ί  Ν  Ε  Λ  Λ  Τ
Δ  Μ  Υ  Δ  Ν  Ξ  Ι  Έ  Ν  Τ  Δ  Χ  Ν  Δ  Η  Ρ
Π  Α  Τ  Ώ  Ε  Υ  Σ  Ξ  Τ  Ώ  Β  Η  Χ  Ε  Δ  Ί
Έ  Χ  Α  Δ  Α  Ν  Ο  Ι  Ε  Δ  Έ  Κ  Α  Π  Ε  Α
Υ  Ν  Χ  Γ  Κ  Ω  Κ  Ι  Ξ  Ξ  Γ  Τ  Ε  Υ  Κ  Ρ
Δ  Τ  Α  Π  Ε  Π  Ί  Χ  Ω  Δ  Ω  Ο  Λ  Μ  Α  Ε
Ρ  Ψ  Α  Ω  Δ  Ι  Ε  Δ  Ξ  Σ  Μ  Μ  Ε  Μ  Τ  Σ
Δ  Ε  Κ  Α  Τ  Έ  Σ  Σ  Ε  Ρ  Α  Α  Η  Ε  Ρ  Σ
Δ  Ε  Κ  Α  Ε  Π  Τ  Ά  Μ  Ο  Κ  Τ  Ώ  Ε  Ί  Έ
Ω  Α  Μ  Η  Δ  Έ  Ν  Τ  Υ  Ί  Β  Α  Ω  Π  Α  Τ
Σ  Β  Ί  Χ  Α  Έ  Ε  Ν  Β  Ψ  Λ  Μ  Ο  Λ  Ε  Ρ
```

ΟΚΤΏ	ΔΎΟ
ΔΕΚΑΟΚΤΏ	ΕΊΚΟΣΙ
ΔΕΚΑΤΡΊΑ	ΔΕΚΑΤΈΣΣΕΡΑ
ΤΡΊΑ	ΤΈΣΣΕΡΑ
ΈΝΑ	ΠΈΝΤΕ
ΕΝΝΈΑ	ΔΕΚΑΠΈΝΤΕ
ΔΕΚΑΕΝΝΈΑ	ΈΞΙ
ΜΗΔΈΝ	ΔΕΚΑΈΞΙ
ΔΈΚΑ	ΕΠΤΆ
ΔΩΔΕΚΑ	ΔΕΚΑΕΠΤΆ

94 - Boksen

```
Λ Η Υ Λ Δ Η Σ Α Ί Τ Σ Ε Γ Κ Β Τ
Ρ Ρ Μ Ψ Η Ρ Ι Χ Β Τ Ι Δ Ρ Ο Έ Σ
Β Υ Έ Ξ Ι Ψ Σ Χ Ο Α Ψ Μ Ο Υ Υ Μ
Β Ρ Ρ Ε Ε Μ Ο Ξ Α Ι Ο Σ Θ Δ Ε Ρ
Γ Ω Ν Ί Α Γ Λ Λ Υ Τ Ν Υ Ι Ο Σ Ο
Β Ι Λ Χ Ώ Γ Α Ν Α Ν Ν Ι Ά Ύ Λ Ο
Ι Λ Γ Ί Σ Η Π Σ Δ Ά Σ Τ Ά Ν Δ Ψ
Δ Λ Π Ξ Τ Ή Ί Ή Η Γ Ω Δ Ί Ι Μ Ρ
Γ Ξ Ε Α Ω Υ Τ Τ Α Ν Ά Κ Τ Η Σ Η
Ε Ν Λ Β Λ Ο Ν Η Μ Α Ν Ύ Δ Ν Α Γ
Μ Υ Ί Ί Κ Υ Α Χ Τ Έ Γ Ί Β Υ Ν Ο
Α Γ Κ Ώ Ν Α Χ Α Ξ Ι Ν Ύ Ο Γ Η Π
Ω Π Ε Ν Π Σ Η Μ Ε Ί Α Μ Ώ Σ Ρ Έ
Ε Ξ Α Ν Τ Λ Η Θ Ε Ί Α Ι Π Π Μ Ξ
Ψ Β Ι Ο Α Τ Η Τ Ό Ι Ξ Ε Δ Ι Π Ε
Π Ι Λ Ν Ρ Α Β Η Τ Λ Έ Π Ξ Α Ρ Ε
```

ΑΓΚΏΝΑ	ΣΗΜΕΊΑ
ΕΣΤΊΑΣΗ	ΔΙΑΙΤΗΤΉΣ
ΓΆΝΤΙΑ	ΚΛΩΤΣΏ
ΑΝΆΚΤΗΣΗ	ΑΝΤΊΠΑΛΟΣ
ΓΩΝΊΑ	ΣΧΟΙΝΙΆ
ΠΗΓΟΎΝΙ	ΕΞΑΝΤΛΗΘΕΊ
ΚΟΥΔΟΎΝΙ	ΕΠΙΔΕΞΙΌΤΗΤΑ
ΔΎΝΑΜΗ	ΜΑΧΗΤΉΣ
ΣΏΜΑ	ΓΡΟΘΙΆ

95 - Boerderij #2

```
Μ  Η  Λ  Σ  Ί  Ν  Σ  Ψ  Β  Γ  Ξ  Σ  Ω  Έ  Κ  Η
Ί  Ε  Ξ  Ω  Φ  Ι  Τ  Ι  Γ  Ο  Ά  Μ  Τ  Ζ  Ρ  Κ
Π  Ά  Π  Ι  Α  Ρ  Τ  Η  Λ  Δ  Σ  Λ  Ο  Ώ  Ι  Α
Κ  Π  Δ  Β  Ά  Ο  Φ  Υ  Τ  Ό  Κ  Α  Α  Θ  Λ
Υ  Χ  Σ  Ά  Ψ  Τ  Η  Ύ  Γ  Έ  Ω  Β  Ό  Ί  Ά  Α
Ψ  Ρ  Χ  Β  Ε  Ι  Σ  Η  Τ  Ο  Ρ  Γ  Α  Σ  Ρ  Μ
Έ  Α  Γ  Ι  Ι  Σ  Υ  Σ  Ν  Ο  Μ  Ο  Ξ  Ί  Ι  Π
Λ  Ν  Ψ  Λ  Ξ  Ψ  Ε  Π  Ε  Ρ  Ι  Β  Ό  Λ  Ι  Ό
Η  Ε  Π  Ξ  Ρ  Α  Δ  Δ  Χ  Ι  Χ  Έ  Ψ  Ί  Μ  Κ
Ε  Μ  Υ  Ρ  Ψ  Έ  Ρ  Ο  Ε  Μ  Η  Α  Χ  Ξ  Έ  Ι
Ξ  Ό  Δ  Υ  Ε  Ν  Ά  Τ  Χ  Ί  Η  Χ  Ξ  Υ  Έ  Ν
Ψ  Μ  Ω  Ξ  Λ  Ά  Μ  Α  Α  Ν  Ώ  Ρ  Υ  Χ  Α  Ν
Π  Υ  Έ  Ψ  Υ  Ξ  Χ  Β  Ρ  Έ  Τ  Κ  Α  Ρ  Τ  Ο
Ι  Λ  Λ  Α  Σ  Ν  Χ  Ό  Ν  Χ  Ψ  Ω  Τ  Σ  Ω  Έ
Υ  Ο  Η  Σ  Ρ  Ν  Χ  Ρ  Ί  Ο  Δ  Τ  Μ  Α  Β  Ν
Υ  Ί  Έ  Τ  Ρ  Ω  Μ  Π  Τ  Η  Β  Β  Ε  Έ  Ω  Η
```

ΚΥΨΈΛΗ	ΑΡΝΊ
ΑΓΡΟΤΗΣ	ΛΆΜΑ
ΠΕΡΙΒΌΛΙ	ΚΑΛΑΜΠΌΚΙ
ΖΏΑ	ΓΆΛΑ
ΠΆΠΙΑ	ΠΡΌΒΑΤΟ
ΦΡΟΎΤΟ	ΑΧΥΡΏΝΑ
ΚΡΙΘΆΡΙ	ΣΙΤΆΡΙ
ΦΥΤΌ	ΤΡΑΚΤΈΡ
ΒΟΣΚΌΣ	ΛΙΒΆΔΙ
ΆΡΔΕΥΣΗ	ΑΝΕΜΌΜΥΛΟ

96 - Elektriciteit

```
Τ  Ξ  Π  Η  Κ  Β  Έ  Π  Ι  Χ  Δ  Τ  Η  Μ  Α  Κ
Η  Χ  Σ  Λ  Α  Α  Έ  Π  Τ  Λ  Ί  Η  Λ  Π  Ν  Α
Λ  Δ  Λ  Ε  Τ  Π  Λ  Σ  Ι  Β  Κ  Λ  Ε  Α  Τ  Λ
Ε  Υ  Ρ  Κ  Η  Ψ  Ο  Ώ  Ο  Ί  Τ  Έ  Κ  Τ  Ι  Ώ
Ό  Υ  Υ  Τ  Τ  Ί  Γ  Θ  Δ  Β  Υ  Φ  Τ  Α  Κ  Δ
Ρ  Ο  Λ  Ρ  Ό  Ν  Ν  Γ  Ή  Ι  Ο  Ω  Ρ  Ρ  Ε  Ι
Α  Ι  Λ  Ο  Σ  Μ  Σ  Σ  Ε  Κ  Α  Ν  Ι  Ί  Ί  Ο
Σ  Π  Α  Λ  Ο  Τ  Ψ  Ί  Π  Ν  Ε  Ο  Κ  Α  Μ  Έ
Η  Ρ  Ρ  Ό  Π  Λ  Ά  Μ  Π  Α  Ν  Υ  Ή  Ε  Ε  Λ
Ρ  Ί  Ν  Γ  Λ  Ί  Ί  Ή  Π  Έ  Β  Ή  Σ  Ψ  Ν  Ο
Β  Ζ  Η  Ο  Σ  Μ  Ί  Κ  Ψ  Ρ  Χ  Έ  Τ  Η  Α  Α
Δ  Α  Τ  Σ  Ό  Μ  Σ  Ι  Λ  Π  Ο  Ξ  Ε  Ρ  Η  Π
Ξ  Ξ  Ι  Ω  Ί  Σ  Η  Τ  Ή  Ν  Γ  Α  Μ  Ί  Ι  Ω
Α  Υ  Κ  Ρ  Χ  Ξ  Ρ  Ε  Ζ  Ι  Έ  Λ  Ρ  Έ  Ί  Α
Λ  Δ  Ό  Ψ  Τ  Υ  Μ  Θ  Ί  Έ  Ί  Ί  Δ  Γ  Π  Α
Ρ  Έ  Ι  Υ  Η  Γ  Σ  Ω  Ί  Δ  Χ  Έ  Γ  Ξ  Ε  Ξ
```

ΜΠΑΤΑΡΊΑ	ΜΑΓΝΉΤΗΣ
ΕΞΟΠΛΙΣΜΌΣ	ΑΡΝΗΤΙΚΌ
ΚΑΛΏΔΙΑ	ΔΊΚΤΥΟ
ΗΛΕΚΤΡΟΛΌΓΟΣ	ΑΝΤΙΚΕΊΜΕΝΑ
ΗΛΕΚΤΡΙΚΉ	ΑΠΟΘΉΚΕΥΣΗ
ΓΕΝΝΉΤΡΙΑ	ΘΕΤΙΚΉ
ΠΟΣΌΤΗΤΑ	ΠΡΊΖΑ
ΚΑΛΏΔΙΟ	ΤΗΛΈΦΩΝΟ
ΛΆΜΠΑ	ΤΗΛΕΌΡΑΣΗ
ΛΈΙΖΕΡ	

97 - Zakelijk

```
Ε  Ώ  Η  Μ  Μ  Η  Μ  Ξ  Τ  Μ  Υ  Τ  Χ  Κ  Κ  Ε
Ί  Τ  Ν  Ψ  Ι  Ρ  Υ  Σ  Ι  Λ  Υ  Γ  Χ  Α  Ό  Ρ
Ρ  Ο  Α  Λ  Ο  Ί  Ε  Φ  Α  Ρ  Γ  Π  Μ  Ρ  Σ  Γ
Σ  Δ  Ε  Ι  Λ  Ι  Χ  Ρ  Ή  Μ  Α  Ψ  Μ  Ι  Τ  Ο
Ψ  Ο  Ν  Ρ  Ρ  Ό  Κ  Ι  Τ  Ν  Ε  Φ  Α  Έ  Ο  Σ
Α  Τ  Ι  Π  Γ  Ε  Σ  Ο  Δ  Ρ  Έ  Κ  Η  Ρ  Σ  Τ
Μ  Α  Ι  Ν  Λ  Ο  Ί  Δ  Ν  Λ  Ξ  Α  Η  Α  Έ  Ά
Η  Μ  Ν  Ι  Α  Γ  Δ  Α  Λ  Ο  Α  Μ  Ι  Β  Κ  Σ
Δ  Η  Σ  Η  Λ  Ώ  Π  Ό  Ρ  Ι  Μ  Σ  Μ  Ω  Π  Ι
Ό  Ρ  Έ  Υ  Χ  Η  Π  Ω  Τ  Β  Η  Ι  Δ  Γ  Τ  Ο
Σ  Χ  Δ  Λ  Ξ  Ι  Α  Π  Δ  Η  Τ  Μ  Κ  Ψ  Ω  Π
Ι  Σ  Υ  Ν  Α  Λ  Λ  Α  Γ  Ή  Σ  Ό  Ι  Ά  Σ  Ι
Ε  Π  Έ  Ν  Δ  Υ  Σ  Η  Ω  Έ  Ά  Ν  Τ  Η  Η  Ψ
Υ  Ξ  Ν  Έ  Μ  Ί  Δ  Π  Γ  Ν  Τ  Β  Ο  Ρ  Ρ  Λ
Ν  Λ  Γ  Τ  Β  Π  Υ  Μ  Ε  Ι  Α  Έ  Χ  Δ  Ρ  Ω
Ε  Ι  Σ  Α  Γ  Ω  Γ  Ή  Ω  Β  Κ  Φ  Ό  Ρ  Ο  Ι
```

ΑΦΕΝΤΙΚΌ	ΕΠΈΝΔΥΣΗ
ΕΤΑΙΡΕΊΑ	ΓΡΑΦΕΊΟ
ΦΌΡΟΙ	ΈΚΠΤΩΣΗ
ΚΑΡΙΈΡΑ	ΚΌΣΤΟΣ
ΟΙΚΟΝΟΜΙΚΆ	ΣΥΝΑΛΛΑΓΉ
ΕΡΓΟΣΤΆΣΙΟ	ΝΌΜΙΣΜΑ
ΧΡΗΜΑΤΟΔΟΤΏ	ΠΏΛΗΣΗ
ΧΡΉΜΑ	ΕΡΓΟΔΌΤΗ
ΕΙΣΑΓΩΓΉ	ΚΑΤΆΣΤΗΜΑ
ΕΙΣΌΔΗΜΑ	ΚΈΡΔΟΣ

98 - Voeding

```
Ν Ρ Α Π Ο Ι Ό Τ Η Τ Α Υ Γ Ξ Ψ Δ
Μ Π Α Χ Α Ρ Ι Κ Ό Ε Η Σ Ω Μ Ύ Ζ
Η Ε Ε Λ Σ Ά Λ Τ Σ Α Ν Ρ Β Έ Σ Μ
Ξ Ι Π Ά Έ Ω Ω Ρ Π Β Έ Β Ξ Α Ψ Ί
Ή Φ Ο Ρ Τ Α Ι Δ Ρ Ξ Μ Ξ Ρ Π Β Χ
Τ Π Ξ Γ Ω Χ Η Ψ Έ Π Η Δ Έ Ρ Υ Ψ
Θ Ο Ε Υ Ο Τ Ξ Ξ Ρ Ψ Π Ξ Ψ Ρ Γ Χ
Ρ Ί Ξ Ν Α Δ Ε Ν Λ Π Ο Έ Λ Υ Ι Β
Ε Ν Β Ί Ξ Δ Ρ Ϊ Σ Ή Ρ Κ Ι Π Ή Ι
Π Ε Ξ Δ Ν Χ Ό Έ Ν Α Ρ Ξ Ι Έ Ζ Γ
Τ Ω Ο Λ Μ Η Υ Ξ Δ Ε Ο Η Η Ο Υ Ε
Ι Ι Ε Τ Ε Ε Έ Υ Α Ρ Σ Γ Μ Ξ Γ Ύ
Κ Χ Ξ Λ Γ Π Υ Γ Ρ Δ Ι Λ Ι Σ Ί Σ
Ή Ψ Β Ξ Υ Ω Σ Ε Δ Ι Μ Ρ Ε Θ Ζ Η
Β Δ Ο Ν Μ Η Ν Ί Μ Α Τ Ι Β Ί Ω Π
Λ Ψ Ι Ν Γ Υ Ί Α Μ Ι Σ Ώ Ρ Β Ρ Ν
```

ΠΙΚΡΉ	ΥΓΕΊΑ
ΘΕΡΜΙΔΕΣ	ΠΟΙΌΤΗΤΑ
ΔΙΑΤΡΟΦΉ	ΣΆΛΤΣΑ
ΒΡΏΣΙΜΑ	ΓΕΎΣΗ
ΌΡΕΞΗ	ΜΠΑΧΑΡΙΚΌ
ΠΡΩΤΕΪΝΕΣ	ΠΈΨΗ
ΙΣΟΡΡΟΠΗΜΈΝΗ	ΤΟΞΊΝΗ
ΖΎΜΩΣΗ	ΒΙΤΑΜΊΝΗ
ΖΥΓΊΖΩ	ΥΓΡΆ
ΥΓΊΗ	ΘΡΕΠΤΙΚΉ

99 - Chemie

```
Υ  Λ  Α  Ε  Α  Η  Ν  Α  Ι  Χ  Χ  Ψ  Ρ  Ρ  Ι  Κ
Δ  Ψ  Ω  Ζ  Ί  Γ  Υ  Ζ  Ξ  Έ  Ο  Δ  Δ  Λ  Η  Α
Ρ  Γ  Ο  Ω  Σ  Χ  Λ  Ώ  Ρ  Ι  Ο  Ν  Χ  Έ  Ρ  Τ
Ο  Μ  Έ  Τ  Α  Λ  Λ  Α  Λ  Γ  Ν  Δ  Ξ  Α  Ο  Α
Γ  Ι  Ί  Ι  Ρ  Ί  Β  Ι  Ο  Λ  Ο  Γ  Ι  Κ  Η  Λ
Ό  Τ  Ρ  Δ  Κ  Έ  Α  Η  Ι  Υ  Ι  Ό  Ν  Θ  Α  Ύ
Ν  Ά  Μ  Ό  Ο  Β  Λ  Ο  Ρ  Ν  Γ  Τ  Υ  Ε  Ν  Τ
Ο  Λ  Υ  Α  Μ  Ά  Κ  Γ  Έ  Έ  Υ  Ρ  Σ  Ρ  Τ  Η
Μ  Α  Ί  Τ  Ρ  Ν  Α  Ν  Α  Γ  Ε  Έ  Ό  Μ  Ί  Ψ
Υ  Η  Η  Υ  Ε  Θ  Λ  Τ  Ι  Ρ  Σ  Σ  Σ  Ό  Δ  Η
Ζ  Β  Λ  Ω  Θ  Ρ  Ι  Σ  Ο  Λ  Λ  Ω  Ε  Τ  Ρ  Τ
Ν  Έ  Ρ  Ω  Π  Α  Κ  Ο  Ο  Έ  Τ  Ξ  Τ  Η  Α  Τ
Έ  Ψ  Λ  Η  Β  Κ  Ό  Δ  Ε  Π  Ι  Μ  Ρ  Τ  Σ  Χ
Χ  Έ  Ξ  Ω  Υ  Α  Ο  Ξ  Υ  Γ  Ό  Ν  Ο  Α  Η  Δ
Α  Ι  Ε  Ε  Ω  Σ  Ο  Ξ  Τ  Η  Π  Ο  Ξ  Ύ  Β  Ί
Η  Λ  Ε  Κ  Τ  Ρ  Ό  Ν  Ι  Ο  Η  Ξ  Η  Ξ  Δ  Υ
```

ΑΛΚΑΛΙΚΌ   ΜΌΡΙΟ
ΧΛΏΡΙΟ   ΒΙΟΛΟΓΙΚΉ
ΗΛΕΚΤΡΌΝΙΟ   ΑΝΤΊΔΡΑΣΗ
ΈΝΖΥΜΟ   ΘΕΡΜΟΚΡΑΣΊΑ
ΑΈΡΙΟ   ΥΓΡΌ
ΖΥΓΊΖΩ   ΘΕΡΜΌΤΗΤΑ
ΙΌΝ   ΥΔΡΟΓΟΝΟ
ΚΑΤΑΛΎΤΗ   ΑΛΆΤΙ
ΆΝΘΡΑΚΑΣ   ΟΞΎ
ΜΈΤΑΛΛΑ   ΟΞΥΓΌΝΟ

1 - Metingen

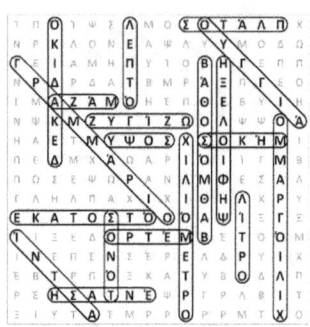

2 - Opwarming van de Aarde

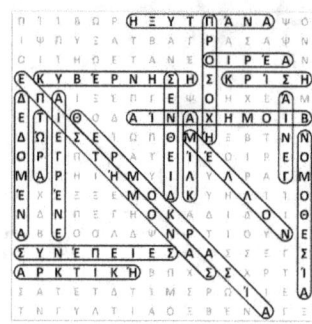

3 - Boten

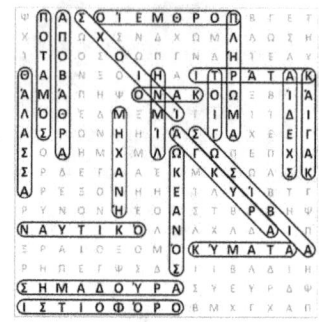

4 - Chocolade

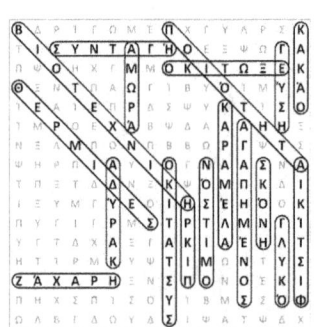

5 - Gezondheid en Welzijn #2

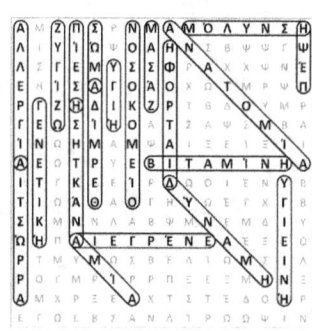

6 - Tijd

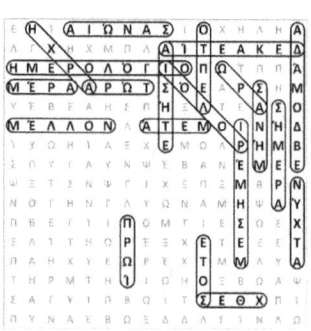

7 - Meditatie

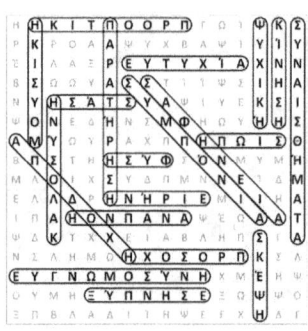

8 - Muziek

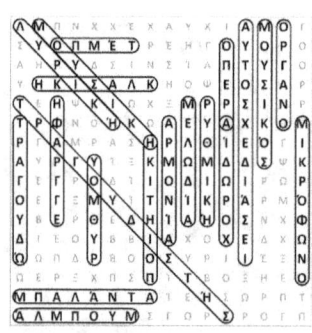

9 - Vogels

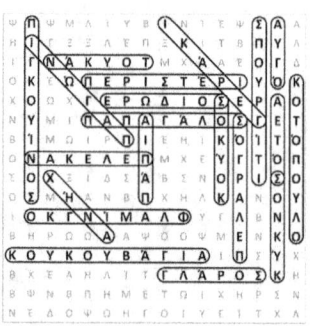

10 - Universum

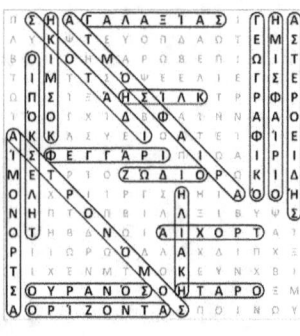

11 - Wiskunde

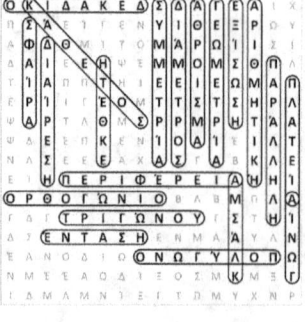

12 - Gezondheid en Welzijn #1

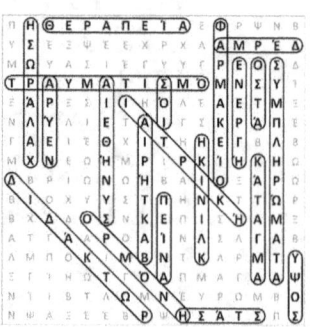

13 - Camping

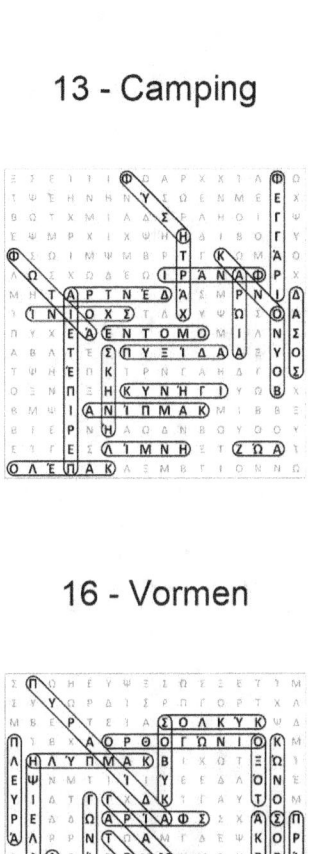

14 - Algebra

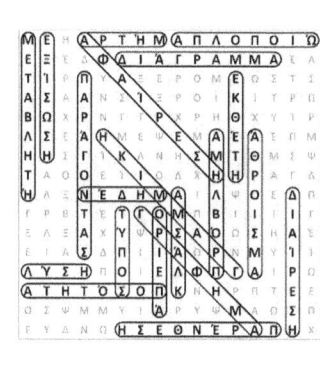

15 - Activiteiten

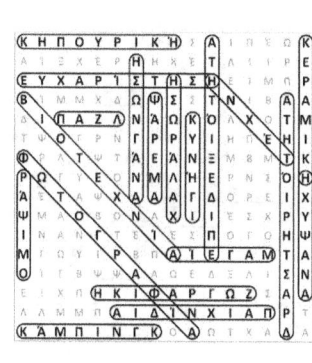

16 - Vormen

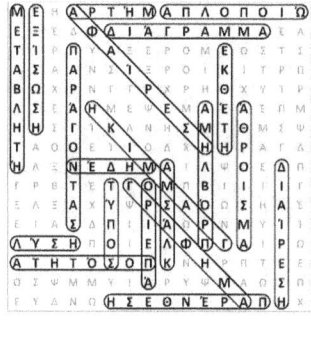

17 - Diplomatie

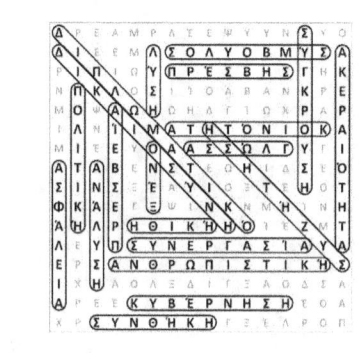

18 - Astronomie

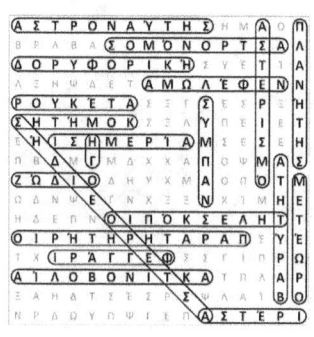

19 - Emoties

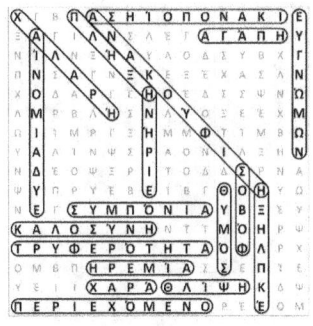

20 - Vakantie #2

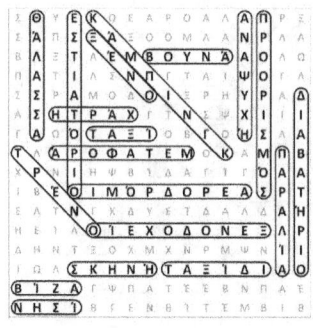

21 - Weersomstandigh

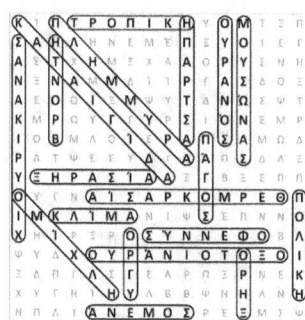

22 - Strand

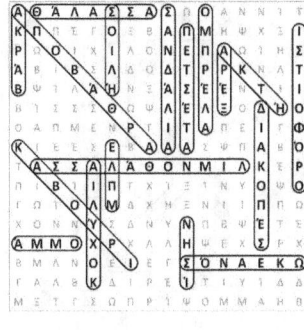

23 - Eten #2

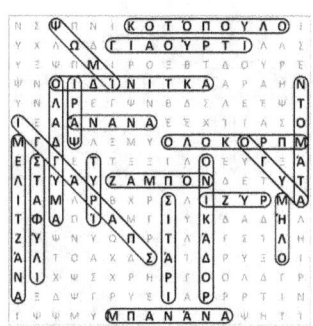

24 - Geologie

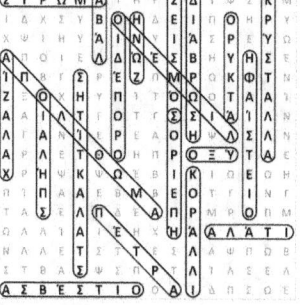

25 - Specerijen

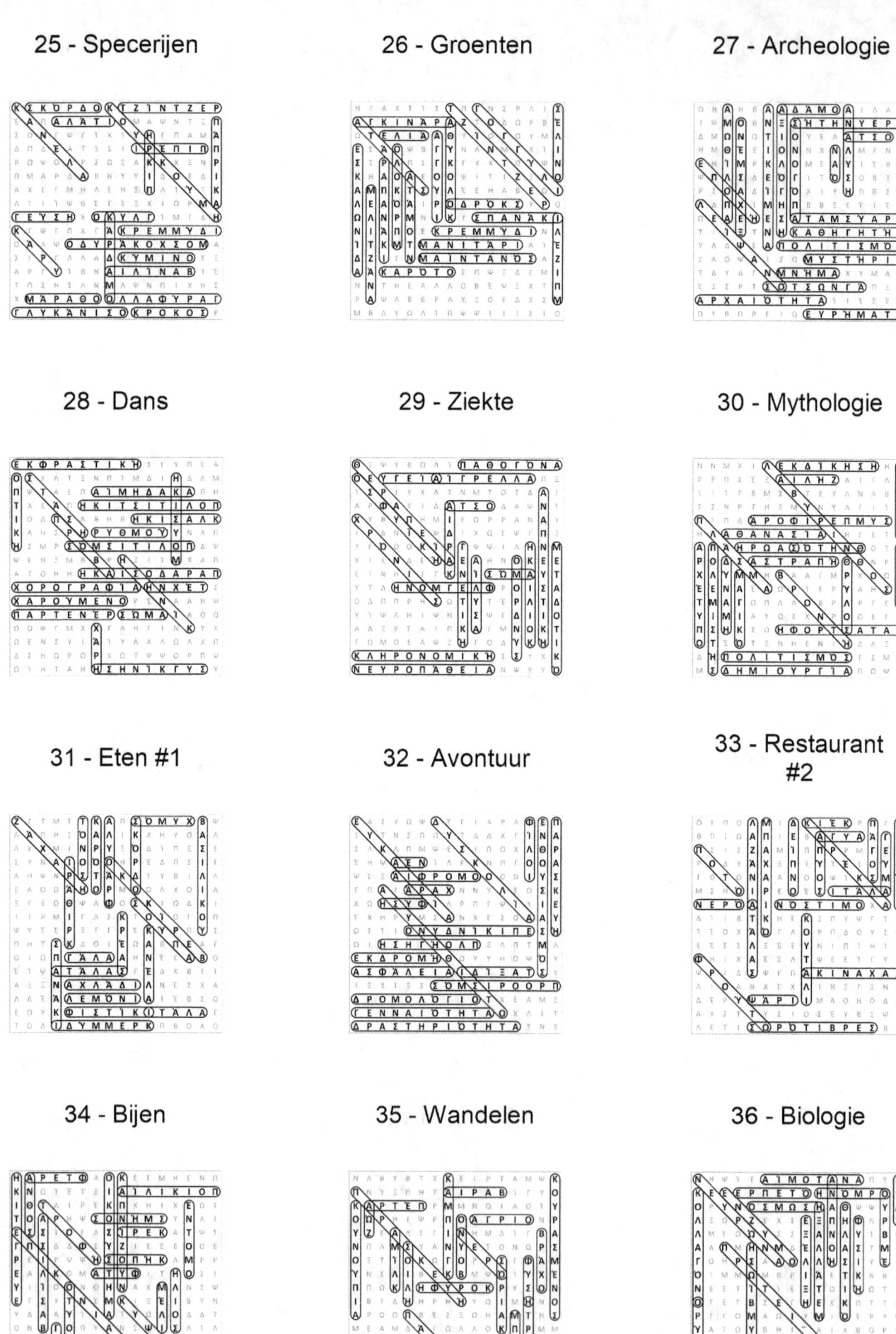

26 - Groenten

27 - Archeologie

28 - Dans

29 - Ziekte

30 - Mythologie

31 - Eten #1

32 - Avontuur

33 - Restaurant #2

34 - Bijen

35 - Wandelen

36 - Biologie

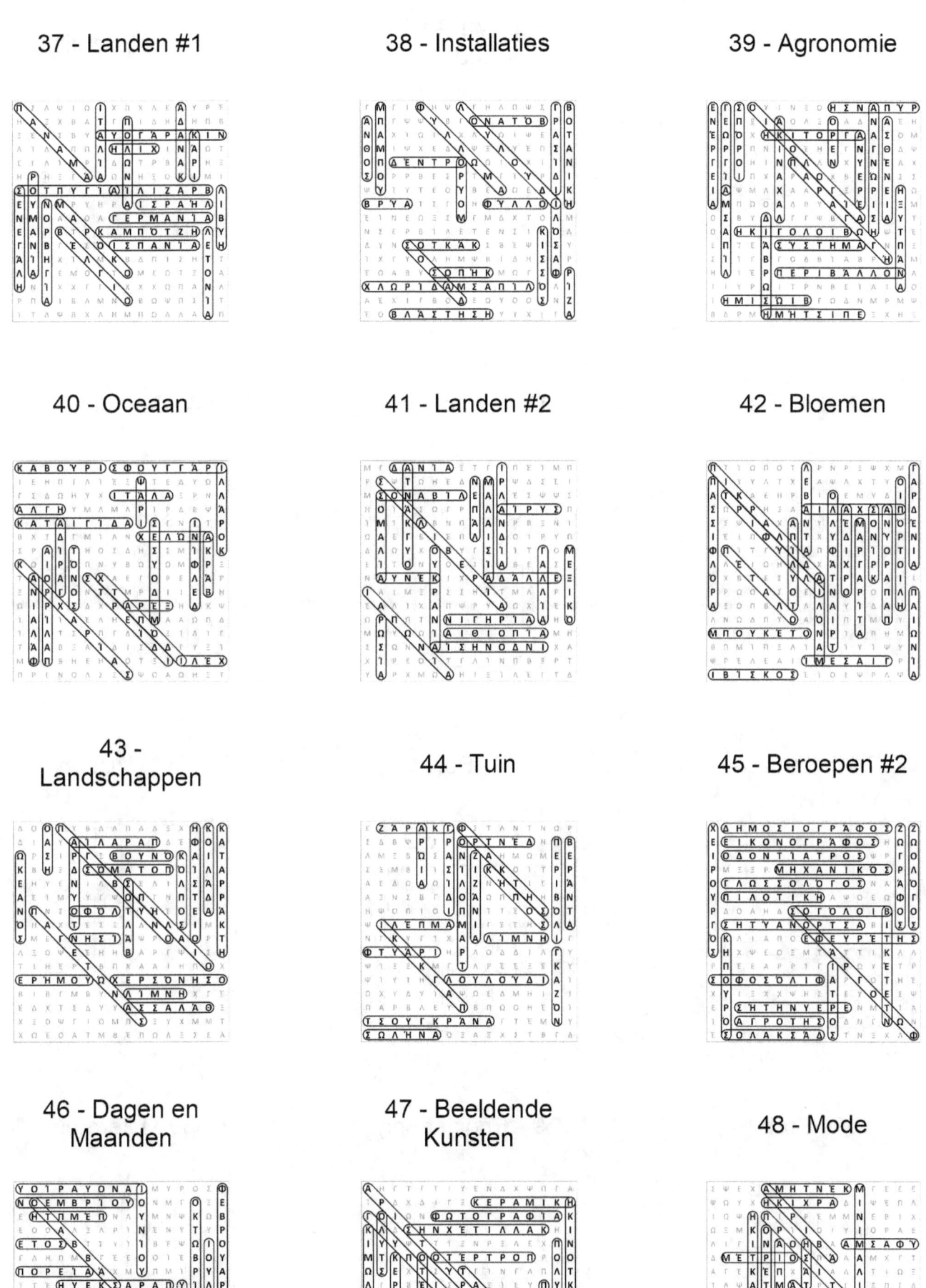

37 - Landen #1

38 - Installaties

39 - Agronomie

40 - Oceaan

41 - Landen #2

42 - Bloemen

43 - Landschappen

44 - Tuin

45 - Beroepen #2

46 - Dagen en Maanden

47 - Beeldende Kunsten

48 - Mode

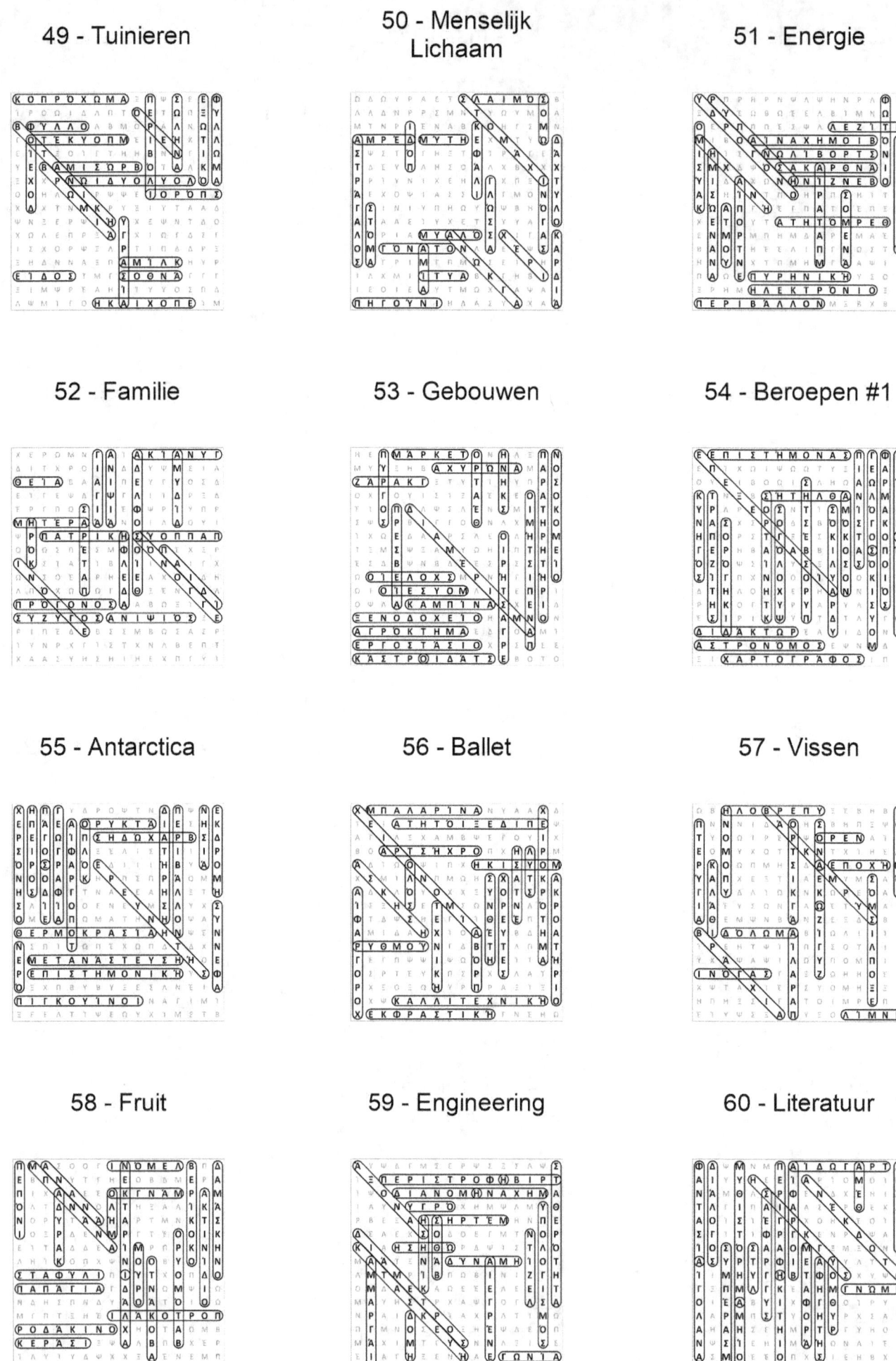

49 - Tuinieren

50 - Menselijk Lichaam

51 - Energie

52 - Familie

53 - Gebouwen

54 - Beroepen #1

55 - Antarctica

56 - Ballet

57 - Vissen

58 - Fruit

59 - Engineering

60 - Literatuur

61 - Boeken

62 - Meer Informatie

63 - Regenwoud

64 - Haartypes

65 - Stad

66 - Creativiteit

67 - Natuur

68 - Zoogdieren

69 - Overheid

70 - Voertuigen

71 - Geografie

72 - Barbecues

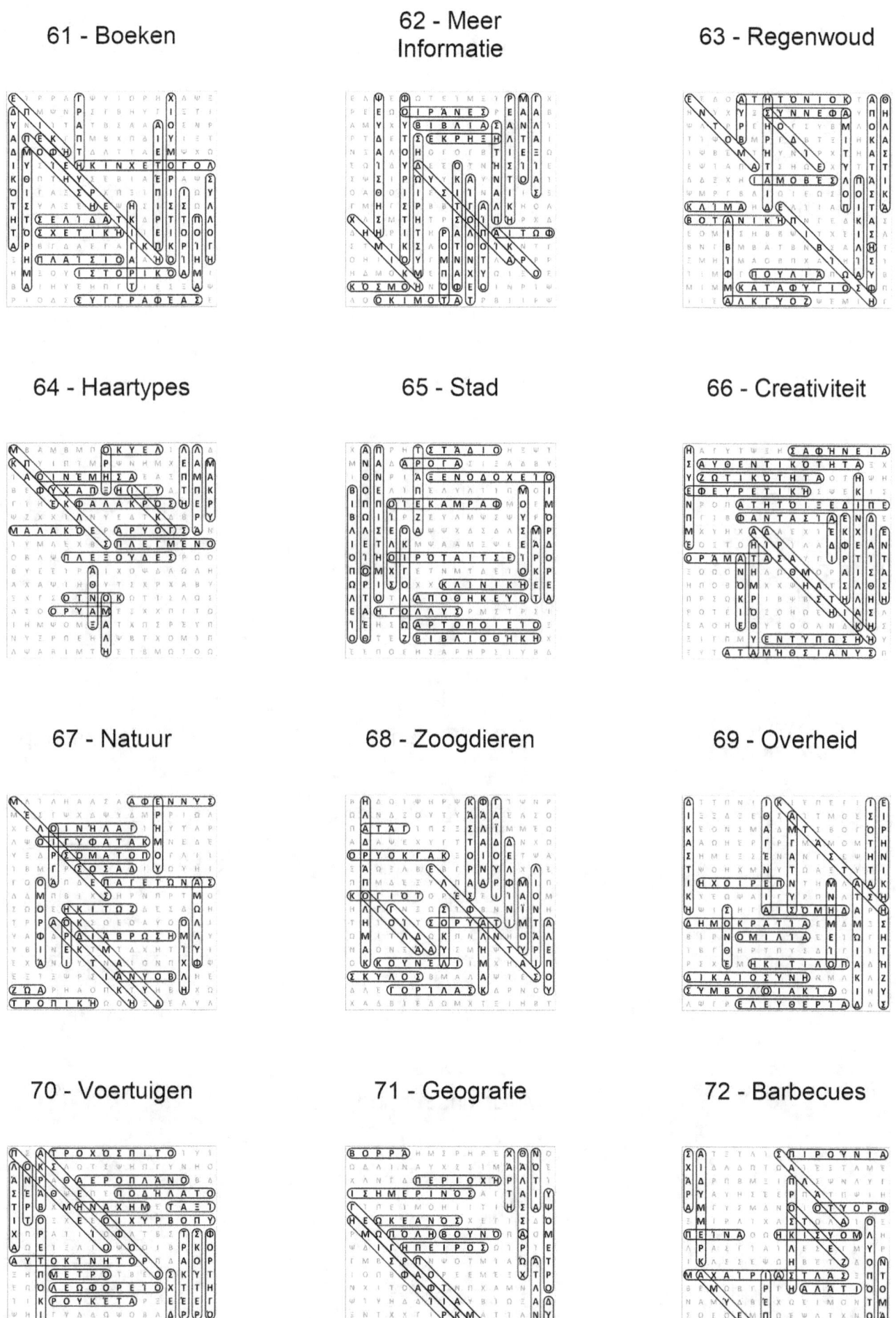

73 - Schoonheid

74 - Wetenschappelijk

75 - Bijvoeglijke Naamwoorden

76 - Kleding

77 - Vliegtuigen

78 - Herbalisme

79 - Kracht en Zwaartekracht

80 - Rijden

81 - Wetenschap

82 - Natuurkunde

83 - Muziekinstrument

84 - Ethiek

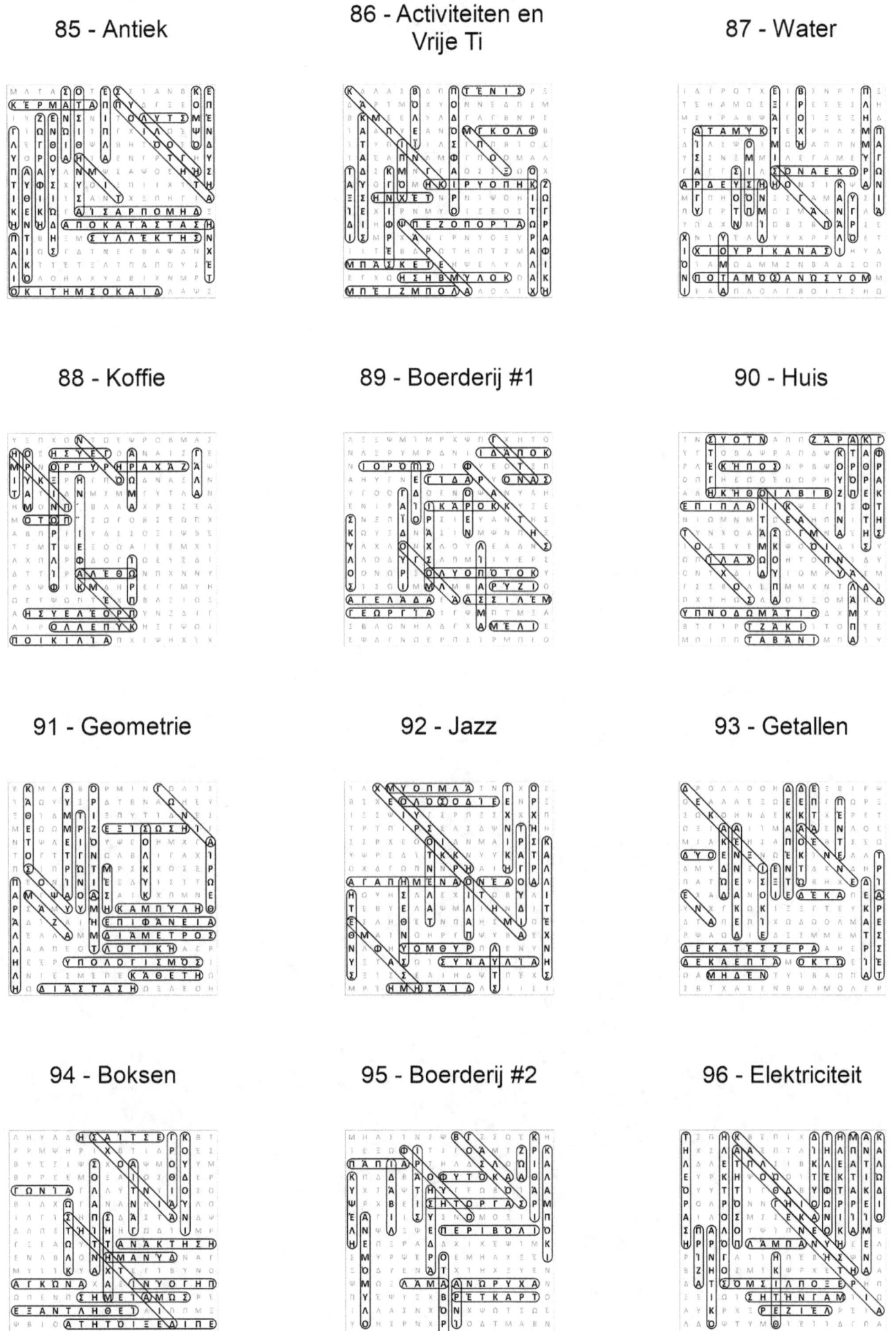

85 - Antiek

86 - Activiteiten en Vrije Ti

87 - Water

88 - Koffie

89 - Boerderij #1

90 - Huis

91 - Geometrie

92 - Jazz

93 - Getallen

94 - Boksen

95 - Boerderij #2

96 - Elektriciteit

97 - Zakelijk

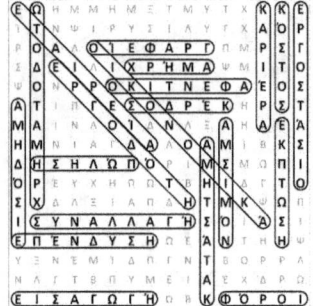

98 - Voeding

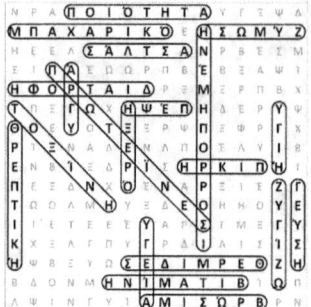

99 - Chemie

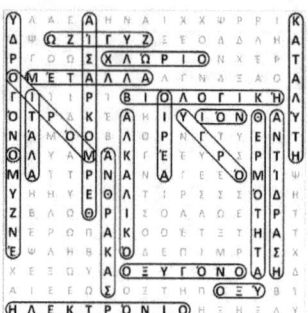

Woordenboek

Activiteiten
Δραστηριότητες

Activiteit	Δραστηριότητα
Ambachten	Βιοτεχνία
Fotografie	Φωτογραφία
Games	Παιχνίδια
Hengelsport	Ψάρεμα
Jacht	Κυνήγι
Kamperen	Κάμπινγκ
Keramiek	Κεραμική
Kunst	Τέχνη
Lezen	Ανάγνωση
Magie	Μαγεία
Naaien	Ράψιμο
Ontspanning	Χαλάρωση
Plezier	Ευχαρίστηση
Puzzels	Παζλ
Schilderij	Ζωγραφική
Tuinieren	Κηπουρική
Vaardigheid	Επιδεξιότητα
Vrije Tijd	Αναψυχή
Wandelen	Πεζοπορία

Activiteiten en Vrije Ti
Δραστηριότητες και Αναψυχή

Basketbal	Μπάσκετ
Boksen	Μποξ
Duiken	Καταδύσεισ
Golf	Γκολφ
Hengelsport	Ψάρεμα
Hobby	Χόμπι
Honkbal	Μπέιζμπολ
Kamperen	Κάμπινγκ
Kunst	Τέχνη
Ontspannen	Χαλαρωτικό
Reis	Ταξίδι
Schilderij	Ζωγραφική
Surfen	Σέρφινγκ
Tennis	Τένισ
Tuinieren	Κηπουρική
Voetbal	Ποδόσφαιρο
Volleybal	Βόλεϊ
Wandelen	Πεζοπορία
Zwemmen	Κολύμβηση

Agronomie
Αγρονομία

Duurzaam	Βιώσιμη
Ecologie	Οικολογία
Energie	Ενέργεια
Erosie	Διάβρωση
Groei	Ανάπτυξη
Groente	Λαχανικά
Identificatie	Αναγνώριση
Landbouw	Γεωργία
Landelijk	Αγροτική
Mest	Λίπασμα
Omgeving	Περιβάλλον
Onderzoek	Έρευνα
Organisch	Βιολογική
Productie	Παραγωγή
Systemen	Σύστημα
Vervuiling	Ρύπανση
Water	Νερό
Wetenschap	Επιστήμη
Zaden	Σπόροι
Ziekten	Ασθένεια

Algebra
Άλγεβρα

Aftrekken	Αφαίρεση
Diagram	Διάγραμμα
Divisie	Διαίρεση
Exponent	Εκθέτη
Factor	Παράγοντασ
Formule	Τύποσ
Fractie	Κλάσμα
Grafiek	Γράφημα
Haakje	Παρένθεση
Hoeveelheid	Ποσότητα
Lineair	Γραμμική
Matrix	Μήτρα
Nul	Μηδέν
Oneindig	Άπειρο
Oplossing	Λύση
Probleem	Πρόβλημα
Som	Άθροισμα
Variabele	Μεταβλητή
Vereenvoudigen	Απλοποιώ
Vergelijking	Εξίσωση

Antarctica
Ανταρκτική

Baai	Κόλπο
Behoud	Διατήρηση
Continent	Ήπειροσ
Eilanden	Νησιά
Expeditie	Εκδρομή
Geografie	Γεωγραφία
Ijs	Πάγοσ
Migratie	Μετανάστευση
Mineralen	Ορυκτά
Omgeving	Περιβάλλον
Onderzoeker	Ερευνητήσ
Pinguïn	Πιγκουίνοι
Rotsachtig	Βραχώδησ
Schiereiland	Χερσόνησο
Soort	Είδοσ
Temperatuur	Θερμοκρασία
Topografie	Τοπογραφία
Water	Νερό
Wetenschappelijk	Επιστημονική
Wolken	Σύννεφα

Antiek
Αντίκες

Authentiek	Αυθεντικό
Beeldhouwwerk	Γλυπτική
Decoratief	Διακοσμητικό
Eeuw	Αιώνασ
Elegant	Κομψό
Galerij	Συλλογή
Investering	Επένδυση
Kunst	Τέχνη
Kwaliteit	Ποιότητα
Liefhebber	Ενθουσιώδησ
Meubilair	Έπιπλα
Munten	Κέρματα
Ongewoon	Ασυνήθιστο
Oud	Παλιό
Prijs	Τιμή
Restauratie	Αποκατάσταση
Schilderijen	Ζωγραφική
Stijl	Στυλ
Veiling	Δημοπρασία
Verzamelaar	Συλλέκτησ

Archeologie
Αρχαιολογία

Analyse	Ανάλυση
Beschaving	Πολιτισμόσ
Bevindingen	Ευρήματα
Botten	Οστά
Evaluatie	Αξιολόγηση
Fossiel	Απολίθωμα
Fragmenten	Θραύσματα
Graf	Μνήμα
Mysterie	Μυστήριο
Nakomeling	Απόγονοσ
Objecten	Αντικείμενα
Onbekend	Άγνωστοσ
Onderzoeker	Ερευνητήσ
Oudheid	Αρχαιότητα
Professor	Καθηγητήσ
Relikwie	Λείψανο
Team	Ομάδα
Tempel	Ναό
Tijdperk	Εποχή
Vergeten	Ξεχασμένο

Astronomie
Αστρονομία

Aarde	Γη
Asteroïde	Αστεροειδήσ
Astronaut	Αστροναύτησ
Astronoom	Αστρονόμοσ
Dierenriem	Ζώδιο
Equinox	Ισημερία
Komeet	Κομήτησ
Maan	Φεγγάρι
Meteoor	Μετέωρο
Nevel	Νεφέλωμα
Observatorium	Παρατηρητήριο
Planeet	Πλανήτησ
Raket	Ρουκέτα
Satelliet	Δορυφορική
Ster	Αστέρι
Sterrenbeeld	Αστερισμό
Straling	Ακτινοβολία
Telescoop	Τηλεσκόπιο
Universum	Σύμπαν
Zwaartekracht	Βαρύτητα

Avontuur
Περιπέτεια

Activiteit	Δραστηριότητα
Bestemming	Προορισμόσ
Enthousiasme	Ενθουσιασμόσ
Excursie	Εκδρομή
Gevaarlijk	Επικίνδυνο
Kans	Ευκαιρία
Moed	Γενναιότητα
Moeilijkheid	Δυσκολία
Natuur	Φύση
Navigatie	Πλοήγηση
Nieuw	Νέα
Ongewoon	Ασυνήθιστο
Reisplan	Δρομολόγιο
Reizen	Ταξίδι
Schoonheid	Ομορφιά
Veiligheid	Ασφάλεια
Voorbereiding	Παρασκευή
Vreugde	Χαρά
Vrienden	Φίλοι

Ballet
Μπαλέτο

Applaus	Χειροκρότημα
Artistiek	Καλλιτεχνική
Ballerina	Μπαλαρίνα
Choreografie	Χορογραφία
Componist	Συνθέτη
Dansers	Χορευτεσ
Expressief	Εκφραστική
Gebaar	Χειρονομία
Intensiteit	Ένταση
Muziek	Μουσική
Orkest	Ορχήστρα
Praktijk	Άσκηση
Publiek	Ακροατήριο
Repetitie	Πρόβα
Ritme	Ρυθμού
Solo	Σόλο
Stijl	Στυλ
Techniek	Τεχνική
Vaardigheid	Επιδεξιότητα

Barbecues
Μπάρμπεκιου

Diner	Δείπνο
Familie	Οικογένεια
Fruit	Φρούτο
Grill	Σχάρα
Groente	Λαχανικά
Heet	Ζεστό
Honger	Πείνα
Kip	Κοτόπουλο
Lunch	Γεύμα
Messen	Μαχαίρια
Muziek	Μουσική
Peper	Πιπέρι
Salades	Σαλάτα
Saus	Σάλτσα
Tomaten	Ντομάτα
Uien	Κρεμμύδια
Uitnodiging	Πρόσκληση
Vorken	Πιρούνια
Zomer	Καλοκαίρι
Zout	Αλάτι

Beeldende Kunsten
Εικαστικές Τέχνες

Architectuur	Αρχιτεκτονική
Artiest	Καλλιτέχνησ
Beeldhouwwerk	Γλυπτική
Ezel	Καβαλέτο
Film	Ταινία
Foto	Φωτογραφία
Houtskool	Κάρβουνο
Keramiek	Κεραμική
Krijt	Κιμωλία
Meesterwerk	Αριστούργημα
Pen	Στυλό
Perspectief	Προοπτική
Portret	Πορτρέτο
Potlood	Μολύβι
Samenstelling	Σύνθεση
Schilderij	Ζωγραφική
Stencil	Πολυγράφο
Vernis	Βερνίκι
Was	Κερί

Beroepen #1
Επαγγέλματα #1

Advocaat	Δικηγόροσ
Ambassadeur	Πρέσβησ
Apotheker	Φαρμακοποιόσ
Astronoom	Αστρονόμοσ
Atleet	Αθλητήσ
Bankier	Τραπεζίτησ
Brandweerman	Πυροσβέστησ
Cartograaf	Χαρτογράφοσ
Danser	Χορευτήσ
Dierenarts	Κτηνίατροσ
Dokter	Διδάκτωρ
Editor	Επεξεργασία
Geoloog	Γεωλόγοσ
Jager	Κυνηγόσ
Loodgieter	Υδραυλικόσ
Muzikant	Μουσικόσ
Pianist	Πιανίστασ
Psycholoog	Ψυχολόγοσ
Verpleegster	Νοσοκόμα
Wetenschapper	Επιστήμονασ

Beroepen #2
Επαγγέλματα #2

Arts	Ιατροσ
Astronaut	Αστροναύτησ
Bioloog	Βιολόγοσ
Boer	Αγροτησ
Chirurg	Χειρουργόσ
Detective	Ντετέκτιβ
Filosoof	Φιλόσοφοσ
Fotograaf	Φωτογράφοσ
Illustrator	Εικονογράφοσ
Ingenieur	Μηχανικόσ
Journalist	Δημοσιογράφοσ
Leraar	Δάσκαλοσ
Linguïst	Γλωσσολόγοσ
Onderzoeker	Ερευνητήσ
Piloot	Πιλοτική
Schilder	Ζωγράφοσ
Tandarts	Οδοντίατροσ
Tuinman	Κηπουρόσ
Uitvinder	Εφευρέτησ
Zoöloog	Ζωολόγοσ

Bijen
Μέλισσες

Bestuiver	Επικονιαστήσ
Bijenkorf	Κυψέλη
Bloemen	Λουλούδια
Bloesem	Άνθοσ
Diversiteit	Ποικιλία
Ecosysteem	Οικοσύστημα
Fruit	Φρούτο
Honing	Μέλι
Insect	Έντομο
Koningin	Βασίλισσα
Planten	Φυτά
Rook	Καπνίζουν
Stuifmeel	Γύρη
Tuin	Κήποσ
Vleugels	Φτερά
Voedsel	Τροφή
Voordelig	Ευεργετική
Was	Κερί
Zon	Ήλιοσ
Zwerm	Σμήνοσ

Bijvoeglijke Naamwoorden
Επίθετα #1

Aantrekkelijk	Ελκυστικό
Absoluut	Απόλυτη
Actief	Ενεργή
Ambitieus	Φιλόδοξο
Aromatisch	Αρωματικό
Artistiek	Καλλιτεχνική
Belangrijk	Σημαντικό
Diep	Βαθιά
Donker	Σκούρο
Dun	Λεπτή
Exotisch	Εξωτικό
Gelukkig	Ευτυχισμένο
Identiek	Ίδια
Lang	Μακρύ
Langzaam	Αργή
Modern	Μοντέρνο
Onschuldig	Αθώοσ
Perfect	Τέλειο
Waardevol	Πολύτιμα
Zwaar	Βαριά

Bijvoeglijke Naamwoorden
Επίθετα #2

Authentiek	Αυθεντικό
Begaafd	Προικισμένοσ
Beschrijvend	Περιγραφικό
Creatief	Δημιουργική
Dramatisch	Δραματική
Gezond	Υγιή
Hongerig	Πεινασμένοσ
Interessant	Ενδιαφέρον
Moe	Κουρασμένοσ
Natuurlijk	Φυσική
Nieuw	Νέα
Normaal	Κανονική
Productief	Παραγωγική
Slaperig	Υπνηλία
Sterk	Ισχυρή
Trots	Υπεροχη
Verantwoordelijk	Υπεύθυνοσ
Wild	Άγριο
Zout	Αλμυρή
Zuiver	Αγνό

Biologie
Βιολογία

Ademhaling	Αναπνοή
Anatomie	Ανατομία
Cel	Κελί
Chromosoom	Χρωμόσωμα
Collageen	Κολλαγόνο
Eiwit	Πρωτέίνη
Embryo	Έμβρυο
Enzym	Ένζυμο
Evolutie	Εξέλιξη
Fotosynthese	Φωτοσύνθεση
Hormoon	Ορμόνη
Mutatie	Μετάλλαξη
Natuurlijk	Φυσική
Neuron	Νευρώνα
Osmose	Όσμωση
Reptiel	Ερπετό
Symbiose	Συμβίωση
Synaps	Σύναψη
Zenuw	Νεύρο
Zoogdier	Θηλαστικό

Bloemen
Λουλούδια

Bloemblad	Πέταλο
Boeket	Μπουκέτο
Gardenia	Γαρδένια
Hibiscus	Ιβίσκοσ
Jasmijn	Γιασεμί
Klaver	Τριφύλλι
Lavendel	Λεβάντα
Lelie	Κρίνοσ
Lila	Πασχαλιά
Madeliefje	Μαργαρίτα
Magnolia	Μανόλια
Orchidee	Ορχιδέα
Paardebloem	Πικραλίδα
Papaver	Παπαρούνα
Passiebloem	Πασσιφλόρα
Pioenroos	Παιωνία
Roos	Τριαντάφυλλο
Tulp	Τουλίπα
Zonnebloem	Ηλιοτρόπιο

Boeken
Βιβλία

Auteur	Συγγραφέασ
Avontuur	Περιπέτεια
Bladzijde	Σελίδα
Collectie	Συλλογή
Context	Πλαίσιο
Dualiteit	Δυαδικότητα
Episch	Επτική
Gedicht	Ποίημα
Geschreven	Γραπτή
Historisch	Ιστορικό
Humoristisch	Χιουμοριστικό
Inventief	Εφευρετική
Lezer	Αναγνώστησ
Literair	Λογοτεχνική
Poëzie	Ποίηση
Relevant	Σχετική
Roman	Μυθιστόρημα
Tragisch	Τραγική
Verhaal	Ιστορία
Verteller	Αφηγητήσ

Boerderij #1
Αγρόκτημα #1

Bij	Μέλισσα
Ezel	Γαϊδούρι
Geit	Γίδα
Hek	Φρακτησ
Hond	Σκύλοσ
Honing	Μέλι
Hooi	Σανό
Kalf	Μοσχάρι
Kat	Γάτα
Kip	Κοτόπουλο
Koe	Αγελάδα
Kraai	Κοράκι
Kudde	Κοπάδι
Landbouw	Γεωργία
Mest	Λίπασμα
Paard	Άλογο
Rijst	Ρύζι
Veld	Πεδίο
Water	Νερό
Zaden	Σπόροι

Boerderij #2
Αγρόκτημα #2

Bijenkorf	Κυψέλη
Boer	Αγροτησ
Boomgaard	Περιβόλι
Dieren	Ζώα
Eend	Πάπια
Fruit	Φρούτο
Gerst	Κριθάρι
Groente	Φυτό
Herder	Βοσκόσ
Irrigatie	Άρδευση
Lam	Αρνί
Lama	Λάμα
Maïs	Καλαμπόκι
Melk	Γάλα
Schaap	Πρόβατο
Schuur	Αχυρώνα
Tarwe	Σιτάρι
Tractor	Τρακτέρ
Weide	Λιβάδι
Windmolen	Ανεμόμυλο

Boksen
Πυγμαχία

Elleboog	Αγκώνα
Focus	Εστίαση
Handschoenen	Γάντια
Herstel	Ανάκτηση
Hoek	Γωνία
Kin	Πηγούνι
Klok	Κουδούνι
Kracht	Δύναμη
Lichaam	Σώμα
Punten	Σημεία
Scheidsrechter	Διαιτητήσ
Schoppen	Κλωτσώ
Tegenstander	Αντίπαλοσ
Touwen	Σχοινιά
Uitgeput	Εξαντληθεί
Vaardigheid	Επιδεξιότητα
Vechter	Μαχητήσ
Vuist	Γροθιά

Boten
Σκάφη

Anker	Άγκυρα
Bemanning	Πλήρωμα
Boei	Σημαδούρα
Dok	Αποβάθρα
Golven	Κύματα
Jacht	Γιοτ
Kajak	Καγιάκ
Kano	Κανό
Mast	Κατάρτι
Meer	Λίμνη
Motor	Μηχανή
Nautisch	Ναυτικό
Oceaan	Ωκεανόσ
Reddingsboot	Σωσίβια
Rivier	Ποταμόσ
Touw	Σχοινί
Veerboot	Πορθμείο
Vlot	Σχεδία
Zee	Θάλασσα
Zeilboot	Ιστιοφόρο

Camping
Κατασκήνωση

Avontuur	Περιπέτεια
Berg	Βουνό
Bomen	Δέντρα
Bos	Δασοσ
Brand	Φωτιά
Cabine	Καμπίνα
Dieren	Ζώα
Hangmat	Αιώρα
Hoed	Καπέλο
Insect	Έντομο
Jacht	Κυνήγι
Kaart	Χάρτη
Kano	Κανό
Kompas	Πυξίδα
Lantaarn	Φανάρι
Maan	Φεγγάρι
Meer	Λίμνη
Natuur	Φύση
Tent	Σκηνή
Touw	Σχοινί

Chemie
Χημεία

Alkalisch	Αλκαλικό
Chloor	Χλώριο
Elektron	Ηλεκτρόνιο
Enzym	Ένζυμο
Gas	Αέριο
Gewicht	Ζυγίζω
Ion	Ιόν
Katalysator	Καταλύτη
Koolstof	Άνθρακασ
Metalen	Μέταλλα
Molecuul	Μόριο
Organisch	Βιολογική
Reactie	Αντίδραση
Temperatuur	Θερμοκρασία
Vloeistof	Υγρό
Warmte	Θερμότητα
Waterstof	Υδρογόνο
Zout	Αλάτι
Zuur	Οξύ
Zuurstof	Οξυγόνο

Chocolade
Σοκολάτα

Aroma	Άρωμα
Artisanaal	Βιοτεχνική
Bitter	Πικρή
Cacao	Κακάο
Calorieën	Θερμιδεσ
Exotisch	Εξωτικό
Favoriet	Αγαπημένοσ
Heerlijk	Νόστιμο
Ingrediënt	Συστατικό
Karamel	Καραμέλα
Kokosnoot	Καρύδα
Kwaliteit	Ποιότητα
Pinda'S	Φιστίκια
Poeder	Σκόνη
Recept	Συνταγή
Smaak	Γεύση
Suiker	Ζάχαρη
Zoet	Γλυκό

Creativiteit
Δημιουργικότητα

Artistiek	Καλλιτεχνική
Beeld	Εικόνα
Dramatisch	Δραματική
Echtheid	Αυθεντικότητα
Emoties	Συναισθήματα
Gevoel	Αίσθηση
Helderheid	Σαφήνεια
Ideeën	Ιδέα
Indruk	Εντύπωση
Inspiratie	Έμπνευση
Intensiteit	Ένταση
Intuïtie	Διαίσθηση
Inventief	Εφευρετική
Spontaan	Αυθόρμητη
Uitdrukking	Έκφραση
Vaardigheid	Επιδεξιότητα
Verbeelding	Φαντασία
Visioenen	Οράματα
Vitaliteit	Ζωτικότητα
Vloeibaarheid	Ρευστότητα

Dagen en Maanden
Ημέρες και Μήνες

Augustus	Αυγούστου
Dinsdag	Τρίτη
Donderdag	Πέμπτη
Februari	Φεβρουαρίου
Jaar	Ετοσ
Januari	Ιανουαρίου
Juli	Ιουλίου
Juni	Ιουνίου
Kalender	Ημερολόγιο
Maand	Μήνασ
Maandag	Δευτέρα
Maart	Πορεία
November	Νοεμβρίου
Oktober	Οκτωβρίου
September	Σεπτεμβρίου
Vrijdag	Παρασκευή
Week	Εβδομάδα
Woensdag	Τετάρτη
Zaterdag	Σάββατο
Zondag	Κυριακή

Dans
Χορός

Academie	Ακαδημία
Beweging	Κίνηση
Blij	Χαρούμενο
Choreografie	Χορογραφία
Cultureel	Πολιτιστική
Cultuur	Πολιτισμόσ
Emotie	Συγκίνηση
Expressief	Εκφραστική
Genade	Χάρη
Houding	Στάση
Klassiek	Κλασική
Kunst	Τέχνη
Lichaam	Σώμα
Muziek	Μουσική
Partner	Παρτενέρ
Repetitie	Πρόβα
Ritme	Ρυθμού
Traditioneel	Παραδοσιακή
Visueel	Οπτική

Diplomatie
Διπλωματία

Adviseur	Σύμβουλοσ
Ambassade	Πρεσβεία
Ambassadeur	Πρέσβησ
Buitenlands	Ξένο
Conflict	Σύγκρουση
Diplomatiek	Διπλωματικό
Discussie	Συζήτηση
Ethiek	Ηθική
Gemeenschap	Κοινότητα
Gerechtigheid	Δικαιοσύνη
Humanitair	Ανθρωπιστική
Integriteit	Ακεραιότητα
Oplossing	Λύση
Politiek	Πολιτική
Regering	Κυβέρνηση
Resolutie	Ανάλυση
Samenwerking	Συνεργασία
Talen	Γλώσσα
Veiligheid	Ασφάλεια
Verdrag	Συνθήκη

Elektriciteit
Ηλεκτρική Ενέργεια

Accu	Μπαταρία
Apparatuur	Εξοπλισμόσ
Draden	Καλώδια
Elektricien	Ηλεκτρολόγοσ
Elektrisch	Ηλεκτρική
Generator	Γεννήτρια
Hoeveelheid	Ποσότητα
Kabel	Καλώδιο
Lamp	Λάμπα
Laser	Λέιζερ
Magneet	Μαγνήτησ
Negatief	Αρνητικό
Netwerk	Δίκτυο
Objecten	Αντικείμενα
Opslag	Αποθήκευση
Positief	Θετική
Stopcontact	Πρίζα
Telefoon	Τηλέφωνο
Televisie	Τηλεόραση

Emoties
Συναισθήματα

Angst	Φόβοσ
Dankbaar	Ευγνώμων
Droefheid	Θλίψη
Gelukzaligheid	Ευδαιμονία
Inhoud	Περιεχόμενο
Liefde	Αγάπη
Ontspannen	Χαλαρή
Opluchting	Ανακούφιση
Rust	Ηρεμία
Sympathie	Συμπόνια
Tederheid	Τρυφερότητα
Tevreden	Ικανοποίησα
Verrassing	Έκπληξη
Verveling	Πλήξη
Vrede	Ειρήνη
Vreugde	Χαρά
Vriendelijkheid	Καλοσύνη
Woede	Θυμόσ

Energie
Ενέργεια

Accu	Μπαταρία
Benzine	Βενζίνη
Brandstof	Καύσιμο
Diesel	Ντίζελ
Elektrisch	Ηλεκτρική
Elektron	Ηλεκτρόνιο
Entropie	Εντροπία
Foton	Φωτόνιο
Hernieuwbaar	Ανανεώσιμη
Industrie	Βιομηχανία
Koolstof	Άνθρακασ
Motor	Μηχανή
Nucleair	Πυρηνική
Omgeving	Περιβάλλον
Stoom	Ατμού
Turbine	Στροβίλων
Vervuiling	Ρύπανση
Warmte	Θερμότητα
Waterstof	Υδρογόνο
Wind	Άνεμοσ

Engineering
Μηχανική

As	Άξονασ
Berekening	Υπολογισμόσ
Beweging	Κίνηση
Bouw	Κατασκευή
Diagram	Διάγραμμα
Diameter	Διάμετροσ
Diepte	Βάθοσ
Diesel	Ντίζελ
Distributie	Διανομή
Energie	Ενέργεια
Hoek	Γωνία
Kracht	Δύναμη
Machine	Μηχανή
Meting	Μέτρηση
Rotatie	Περιστροφή
Stabiliteit	Σταθερότητα
Structuur	Δομή
Vloeistof	Υγρό
Voortstuwing	Ώθηση
Wrijving	Τριβή

Eten #1
Τρόφιμα #1

Aardbei	Φράουλα
Abrikoos	Βερίκοκο
Basilicum	Βασιλικού
Citroen	Λεμόνι
Gerst	Κριθάρι
Kaneel	Κανέλα
Knoflook	Σκόρδο
Melk	Γάλα
Peer	Αχλάδι
Pinda	Φιστίκι
Salade	Σαλάτα
Sap	Χυμόσ
Soep	Σούπα
Spinazie	Σπανάκι
Suiker	Ζάχαρη
Tonijn	Τόνοσ
Ui	Κρεμμύδι
Vlees	Κρέασ
Wortel	Καρότο
Zout	Αλάτι

Eten #2
Τρόφιμα #2

Amandel	Αμύγδαλο
Ananas	Ανανά
Appel	Μήλο
Asperge	Σπαράγγι
Aubergine	Μελιτζάνα
Banaan	Μπανάνα
Broccoli	Μπρόκολο
Brood	Ψωμί
Druif	Σταφύλι
Ei	Αυγό
Ham	Ζαμπόν
Kaas	Τυρί
Kip	Κοτόπουλο
Kiwi	Ακτινίδιο
Perzik	Ροδάκινο
Rijst	Ρύζι
Tarwe	Σιτάρι
Tomaat	Ντομάτα
Vis	Ψάρι
Yoghurt	Γιαούρτι

Ethiek
Ηθική

Altruïsme	Αλτρουισμόσ
Diplomatiek	Διπλωματικό
Eerlijkheid	Ειλικρίνεια
Filosofie	Φιλοσοφία
Geduld	Υπομονή
Individualisme	Ατομικισμόσ
Integriteit	Ακεραιότητα
Mededogen	Συμπόνια
Mensheid	Ανθρωπότητα
Optimisme	Αισιοδοξία
Rationaliteit	Λογικότητα
Realisme	Ρεαλισμοσ
Redelijk	Εύλογο
Samenwerking	Συνεργασία
Tolerantie	Ανεκτικότητα
Vriendelijkheid	Καλοσύνη
Waarden	Αξιεσ
Waardigheid	Αξιοπρέπεια
Wijsheid	Σοφία

Familie
Οικογένεια

Broer	Αδελφοσ
Dochter	Κόρη
Grootmoeder	Γιαγιά
Kind	Παιδί
Kleinkind	Εγγόνι
Kleinzoon	Εγγονόσ
Man	Σύζυγοσ
Moeder	Μητέρα
Neef	Ανιψιόσ
Nicht	Ανιψιά
Oom	Θείοσ
Opa	Παππούσ
Tante	Θεία
Tweeling	Δίδυμα
Vader	Πατέρασ
Vaderlijk	Πατρική
Voorouder	Πρόγονοσ
Vrouw	Γυναίκα
Zus	Αδελφή

Fruit
Φρούτα

Abrikoos	Βερίκοκο
Ananas	Ανανά
Appel	Μήλο
Avocado	Αβοκάντο
Banaan	Μπανάνα
Bes	Μούρο
Citroen	Λεμόνι
Druif	Σταφύλι
Framboos	Βατόμουρο
Kers	Κεράσι
Kiwi	Ακτινίδιο
Kokosnoot	Καρύδα
Mango	Μάνγκο
Meloen	Πεπόνι
Nectarine	Νεκταρίνι
Oranje	Πορτοκάλι
Papaja	Παπάγια
Peer	Αχλάδι
Perzik	Ροδάκινο
Pruim	Δαμάσκηνο

Gebouwen
Κτίρια

Ambassade	Πρεσβεία
Appartement	Διαμέρισμα
Boerderij	Αγρόκτημα
Cabine	Καμπίνα
Fabriek	Εργοστάσιο
Garage	Γκαράζ
Hotel	Ξενοδοχείο
Kasteel	Κάστρο
Laboratorium	Εργαστήριο
Museum	Μουσείο
Observatorium	Παρατηρητήριο
School	Σχολείο
Schuur	Αχυρώνα
Stadion	Στάδιο
Supermarkt	Μάρκετ
Tent	Σκηνή
Theater	Θέατρο
Toren	Πύργος
Universiteit	Πανεπιστήμιο
Ziekenhuis	Νοσοκομείο

Geografie
Γεωγραφία

Atlas	Άτλαντα
Berg	Βουνό
Continent	Ήπειροσ
Eiland	Νησί
Evenaar	Ισημερινόσ
Halfrond	Ημισφαίριο
Hoogte	Υψόμετρο
Kaart	Χάρτη
Land	Χώρα
Lengtegraad	Γεωγραφικό
Meridiaan	Μεσημβρινό
Noorden	Βορρά
Oceaan	Ωκεανόσ
Regio	Περιοχή
Rivier	Ποταμόσ
Stad	Πόλη
Wereld	Κόσμο
Westen	Δύση
Zee	Θάλασσα
Zuiden	Νότια

Geologie
Γεωλογία

Aardbeving	Σεισμόσ
Calcium	Ασβέστιο
Continent	Ήπειροσ
Erosie	Διάβρωση
Fossiel	Απολίθωμα
Gesmolten	Λιωμένο
Grot	Σπήλαιο
Koraal	Κοράλλι
Kristallen	Κρύσταλλα
Kwarts	Χαλαζία
Laag	Στρώμα
Lava	Λάβα
Mineralen	Ορυκτά
Plateau	Οροπέδιο
Stalactiet	Σταλακτίτησ
Steen	Πέτρα
Vulkaan	Ηφαίστειο
Zone	Ζώνη
Zout	Αλάτι
Zuur	Οξύ

Geometrie
Γεωμετρία

Berekening	Υπολογισμόσ
Cirkel	Κύκλοσ
Curve	Καμπύλη
Diameter	Διάμετροσ
Dimensie	Διάσταση
Driehoek	Τριγώνου
Hoek	Γωνία
Hoogte	Ύψοσ
Horizontaal	Οριζόντια
Logica	Λογική
Loodrecht	Κάθετοσ
Massa	Μάζα
Mediaan	Μέση
Oppervlak	Επιφάνεια
Parallel	Παράλληλη
Segment	Τμήμα
Symmetrie	Συμμετρία
Theorie	Θεωρία
Vergelijking	Εξίσωση
Verticaal	Κάθετη

Getallen
Αριθμοί

Acht	Οκτώ
Achttien	Δεκαοκτώ
Dertien	Δεκατρία
Drie	Τρία
Een	Ένα
Negen	Εννέα
Negentien	Δεκαεννέα
Nul	Μηδέν
Tien	Δέκα
Twaalf	Δώδεκα
Twee	Δύο
Twintig	Είκοσι
Veertien	Δεκατέσσερα
Vier	Τέσσερα
Vijf	Πέντε
Vijftien	Δεκαπέντε
Zes	Έξι
Zestien	Δεκαέξι
Zeven	Επτά
Zeventien	Δεκαεπτά

Gezondheid en Welzijn #1
Υγεία και Ευεξία #1

Actief	Ενεργή
Apotheek	Φαρμακείο
Bacteriën	Βακτήρια
Botten	Οστά
Breuk	Κάταγμα
Dokter	Διδάκτωρ
Gewoonte	Συνήθεια
Honger	Πείνα
Hoogte	Ύψοσ
Hormonen	Ορμόνη
Houding	Στάση
Huid	Δέρμα
Kliniek	Κλινική
Letsel	Τραυματισμό
Medicijn	Ιατρική
Ontspanning	Χαλάρωση
Supplementen	Συμπληρώματα
Therapie	Θεραπεία
Virus	Ιόσ
Zenuwen	Νεύρα

Gezondheid en Welzijn #2
Υγεία και Ευεξία #2

Allergie	Αλλεργία
Anatomie	Ανατομία
Bloed	Αίμα
Calorie	Θερμίδα
Dieet	Διατροφή
Energie	Ενέργεια
Genetica	Γενετική
Gewicht	Ζυγίζω
Gezond	Υγιή
Herstel	Ανάκτηση
Hygiëne	Υγιεινή
Infectie	Μόλυνση
Kracht	Δύναμη
Lichaam	Σώμα
Massage	Μασάζ
Spijsvertering	Πέψη
Stress	Πίεση
Vitamine	Βιταμίνη
Ziekenhuis	Νοσοκομείο
Ziekte	Αρρώστια

Groenten
Λαχανικά

Artisjok	Αγκινάρα
Aubergine	Μελιτζάνα
Broccoli	Μπρόκολο
Erwt	Μπιζέλι
Gember	Τζίντζερ
Knoflook	Σκόρδο
Komkommer	Αγγούρι
Olijf	Ελιά
Paddestoel	Μανιτάρι
Peterselie	Μαϊντανόσ
Pompoen	Κολοκύθα
Raap	Γογγύλι
Radijs	Ραπανάκι
Salade	Σαλάτα
Selderij	Σέλινο
Sjalot	Εσκαλωνίδα
Spinazie	Σπανάκι
Tomaat	Ντομάτα
Ui	Κρεμμύδι
Wortel	Καρότο

Haartypes
Τύποι Μαλλιών

Blond	Ξανθά
Bruin	Καφέ
Dik	Παχύ
Droog	Ξηρό
Dun	Λεπτή
Gevlochten	Πλεγμένο
Gezond	Υγιή
Glad	Ομαλή
Glimmend	Λαμπερά
Grijs	Γκρι
Kaal	Φαλακρόσ
Kort	Κοντό
Krullen	Μπούκλεσ
Krullend	Σγουρά
Lang	Μακρύ
Vlechten	Πλεξούδεσ
Wit	Λευκό
Zacht	Μαλακό
Zilver	Ασημένιο
Zwart	Μαύρο

Herbalisme
Βοτανολογία

Aromatisch	Αρωματικό
Basilicum	Βασιλικού
Bloem	Λουλούδι
Culinair	Μαγειρική
Dille	Άνηθο
Dragon	Εστραγκόν
Groen	Πράσινο
Ingrediënt	Συστατικό
Knoflook	Σκόρδο
Kwaliteit	Ποιότητα
Lavendel	Λεβάντα
Marjolein	Μαντζουράνα
Oregano	Ρίγανη
Peterselie	Μαϊντανόσ
Rozemarijn	Δενδρολίβανο
Saffraan	Κροκοσ
Smaak	Γεύση
Tijm	Θυμάρι
Tuin	Κήποσ
Venkel	Μάραθο

Huis
Σπίτι

Bezem	Σκούπα
Bibliotheek	Βιβλιοθήκη
Dak	Στέγη
Deur	Πόρτα
Douche	Ντουσ
Garage	Γκαράζ
Haard	Τζάκι
Hek	Φρακτησ
Kamer	Δωμάτιο
Kelder	Υπόγειο
Keuken	Κουζίνα
Lamp	Λάμπα
Meubilair	Έπιπλα
Muur	Τοίχοσ
Plafond	Ταβάνι
Schoorsteen	Καμινάδα
Slaapkamer	Υπνοδωμάτιο
Spiegel	Καθρεφτησ
Tapijt	Χαλί
Tuin	Κήποσ

Installaties
Φυτά

Bamboe	Μπαμπού
Bes	Μούρο
Blad	Φύλλο
Bloem	Λουλούδι
Bloesem	Άνθοσ
Boom	Δέντρο
Boon	Φασόλι
Bos	Δασοσ
Cactus	Κάκτοσ
Flora	Χλωρίδα
Gebladerte	Φύλλωμα
Gras	Γρασίδι
Klimop	Κισσόσ
Kruid	Βότανο
Mest	Λίπασμα
Mos	Βρύα
Plantkunde	Βοτανική
Tuin	Κήποσ
Vegetatie	Βλάστηση
Wortel	Ρίζα

Jazz
Τζαζ

Album	Άλμπουμ
Applaus	Χειροκρότημα
Artiest	Καλλιτέχνησ
Beroemd	Διάσημη
Componist	Συνθέτη
Concert	Συναυλία
Favorieten	Αγαπημένα
Genre	Είδοσ
Lied	Τραγούδι
Muziek	Μουσική
Nadruk	Έμφαση
Nieuw	Νέα
Orkest	Ορχήστρα
Oud	Παλιό
Ritme	Ρυθμού
Samenstelling	Σύνθεση
Solo	Σόλο
Stijl	Στυλ
Talent	Ταλέντο
Techniek	Τεχνική

Kleding
Ρούχα

Armband	Βραχιόλι
Blouse	Μπλούζα
Broek	Παντελόνι
Handschoenen	Γάντια
Hoed	Καπέλο
Jas	Παλτό
Jasje	Σακάκι
Jurk	Φόρεμα
Ketting	Κολιέ
Mode	Μόδα
Pyjama	Πιτζάμα
Riem	Ζώνη
Rok	Φούστα
Sandalen	Σανδάλια
Schoen	Παπούτσι
Schort	Ποδιά
Shirt	Πουκάμισο
Sjaal	Κασκόλ
Sokken	Κάλτσα
Trui	Πουλόβερ

Koffie
Καφές

Aroma	Άρωμα
Beker	Κύπελλο
Bitter	Πικρή
Cafeïne	Καφεΐνη
Drank	Ποτό
Filter	Φίλτρο
Malen	Αλέθω
Melk	Γάλα
Ochtend	Πρωί
Oorsprong	Προέλευση
Prijs	Τιμή
Room	Κρέμα
Smaak	Γεύση
Suiker	Ζάχαρη
Variëteit	Ποικιλία
Vloeistof	Υγρό
Water	Νερό
Zuur	Όξινο
Zwart	Μαύρο

Kracht en Zwaartekracht
Δύναμη και Βαρύτητα

Afstand	Απόσταση
As	Άξονασ
Baan	Τροχιά
Beweging	Κίνηση
Centrum	Κέντρο
Druk	Πίεση
Dynamisch	Δυναμική
Eigendommen	Ιδιότητα
Gewicht	Ζυγίζω
Magnetisme	Μαγνητισμόσ
Mechanica	Μηχανική
Natuurkunde	Φυσική
Ontdekking	Ανακάλυψη
Snelheid	Ταχύτητα
Tijd	Ώρα
Uitbreiding	Επέκταση
Universeel	Καθολική
Wrijving	Τριβή

Landen #1
Χώρες #1

België	Βέλγιο
Brazilië	Βραζιλία
Cambodja	Καμπότζη
Canada	Καναδά
Chili	Χιλή
Duitsland	Γερμανία
Egypte	Αίγυπτοσ
Irak	Ιράκ
Israël	Ισραήλ
Italië	Ιταλία
Letland	Λετονία
Libië	Λιβύη
Marokko	Μαρόκο
Nicaragua	Νικαράγουα
Noorwegen	Νορβηγία
Panama	Παναμά
Polen	Πολωνία
Roemenië	Ρουμανία
Senegal	Σενεγάλη
Spanje	Ισπανία

Landen #2
Χώρες #2

Denemarken	Δανία
Ethiopië	Αιθιοπία
Frankrijk	Γαλλία
Griekenland	Ελλάδα
Ierland	Ιρλανδία
Indonesië	Ινδονησία
Japan	Ιαπωνία
Kenia	Κένυα
Laos	Λάοσ
Libanon	Λίβανοσ
Liberia	Λιβερία
Maleisië	Μαλαισία
Mexico	Μεξικό
Nepal	Νεπάλ
Nigeria	Νιγηρία
Oeganda	Ουγκάντα
Oekraïne	Ουκρανία
Rusland	Ρωσία
Somalië	Σομαλία
Syrië	Συρία

Landschappen
Τοπία

Berg	Βουνό
Eiland	Νησί
Gletsjer	Παγετώνασ
Golf	Κόλποσ
Grot	Σπήλαιο
Heuvel	Λόφο
Ijsberg	Παγόβουνο
Meer	Λίμνη
Moeras	Βάλτοσ
Oase	Όαση
Oceaan	Ωκεανόσ
Rivier	Ποταμόσ
Schiereiland	Χερσόνησο
Strand	Παραλία
Toendra	Τούνδρα
Vallei	Κοιλάδα
Vulkaan	Ηφαίστειο
Waterval	Καταρράκτη
Woestijn	Ερήμου
Zee	Θάλασσα

Literatuur
Λογοτεχνία

Analogie	Αναλογία
Analyse	Ανάλυση
Anekdote	Ανέκδοτο
Auteur	Συγγραφέασ
Biografie	Βιογραφία
Conclusie	Συμπέρασμα
Dialoog	Διάλογοσ
Fictie	Φαντασία
Gedicht	Ποίημα
Mening	Γνώμη
Metafoor	Μεταφορά
Omschrijving	Περιγραφή
Poëtisch	Ποιητική
Ritme	Ρυθμού
Roman	Μυθιστόρημα
Stijl	Στυλ
Thema	Θέμα
Tragedie	Τραγωδία
Vergelijking	Σύγκριση
Verteller	Αφηγητήσ

Meditatie
Διαλογισμός

Aandacht	Προσοχή
Aanvaarding	Αποδοχή
Ademhaling	Αναπνοή
Beweging	Κίνηση
Dankbaarheid	Ευγνωμοσύνη
Emoties	Συναισθήματα
Gedachten	Σκέψη
Geluk	Ευτυχία
Helderheid	Σαφήνεια
Houding	Στάση
Mededogen	Συμπόνια
Mentaal	Ψυχική
Muziek	Μουσική
Natuur	Φύση
Observatie	Παρατήρηση
Perspectief	Προοπτική
Stilte	Σιωπή
Vrede	Ειρήνη
Vriendelijkheid	Καλοσύνη
Wakker	Ξύπνησε

Meer Informatie
Επιστημονική Φαντασία

Atoom	Ατομικό
Boeken	Βιβλία
Brand	Φωτιά
Chemicaliën	Χημική
Denkbeeldig	Φανταστικό
Dystopie	Δυστοπία
Explosie	Έκρηξη
Extreem	Άκρο
Futuristisch	Φουτουριστικό
Illusie	Ψευδαίσθηση
Mysterieus	Μυστηριώδησ
Orakel	Μαντείο
Planeet	Πλανήτησ
Realistisch	Ρεαλιστική
Robots	Ρομπότ
Scenario	Σενάριο
Sterrenstelsel	Γαλαξίασ
Technologie	Τεχνολογία
Utopie	Ουτοπία
Wereld	Κόσμο

Menselijk Lichaam
Ανθρώπινο Σώμα

Been	Πόδι
Bloed	Αίμα
Elleboog	Αγκώνα
Enkel	Αστράγαλοσ
Hand	Χέρι
Hart	Καρδιά
Hersenen	Μυαλό
Hoofd	Κεφάλι
Huid	Δέρμα
Kaak	Σαγόνι
Kin	Πηγούνι
Knie	Γόνατο
Maag	Στομάχι
Mond	Στόμα
Nek	Λαιμόσ
Neus	Μύτη
Oor	Αυτί
Schouder	Ώμοσ
Tong	Γλώσσα
Vinger	Δάχτυλο

Metingen
Μετρήσεις

Breedte	Πλάτοσ
Byte	Ψηφιολεξη
Centimeter	Εκατοστό
Decimaal	Δεκαδικό
Diepte	Βάθοσ
Gewicht	Ζυγίζω
Graad	Βαθμόσ
Gram	Γραμμάριο
Hoogte	Υψοσ
Inch	Ίντσα
Kilogram	Χιλιόγραμμο
Kilometer	Χιλιόμετρο
Lengte	Μήκοσ
Liter	Λίτρο
Massa	Μάζα
Meter	Μέτρο
Minuut	Λεπτό
Ons	Ουγγιά
Ton	Τόνοσ
Volume	Ένταση

Mode
Μόδα

Bescheiden	Μέτριο
Betaalbaar	Προσιτή
Borduurwerk	Κέντημα
Comfortabel	Άνετο
Duur	Ακριβά
Eenvoudig	Απλόσ
Elegant	Κομψό
Kant	Δαντέλα
Knop	Κουμπιά
Minimalistisch	Μινιμαλιστικό
Modern	Μοντέρνο
Origineel	Αρχική
Patroon	Μοτίβο
Praktisch	Πρακτική
Stijl	Στυλ
Stof	Ύφασμα
Textuur	Υφή
Trend	Τάση
Winkel	Μπουτίκ

Muziek
Μουσική

Album	Άλμπουμ
Ballade	Μπαλάντα
Harmonie	Αρμονία
Improviseren	Αυτοσχεδιάσει
Instrument	Όργανο
Klassiek	Κλασική
Koor	Χορωδία
Lyrisch	Λυρική
Melodie	Μελωδία
Microfoon	Μικρόφωνο
Muzikaal	Μουσική
Muzikant	Μουσικόσ
Opera	Όπερα
Opname	Εγγραφή
Poëtisch	Ποιητική
Ritme	Ρυθμού
Ritmisch	Ρυθμική
Tempo	Τέμπο
Zanger	Τραγουδιστήσ
Zingen	Τραγουδώ

Muziekinstrumenten
Μουσικά Όργανα

Banjo	Μπάντζο
Cello	Βιολοντσέλο
Fagot	Φαγκότο
Fluit	Φλάουτο
Gitaar	Κιθάρα
Gong	Γκονγκ
Harp	Άρπα
Hobo	Όμποε
Klarinet	Κλαρινέτο
Mandoline	Μαντολίνο
Marimba	Μαρίμπα
Mondharmonica	Φυσαρμόνικα
Percussie	Κρούση
Piano	Πιάνο
Saxofoon	Σαξόφωνο
Tamboerijn	Ντέφι
Trombone	Τρομπόνι
Trommel	Τύμπανο
Trompet	Τρομπέτα
Viool	Βιολί

Mythologie
Μυθολογία

Archetype	Αρχέτυπο
Bliksem	Αστραπή
Creatie	Δημιουργία
Cultuur	Πολιτισμόσ
Donder	Βροντή
Doolhof	Λαβύρινθοσ
Gedrag	Συμπεριφορά
Held	Ήρωασ
Heldin	Ηρωίδα
Jaloezie	Ζήλια
Kracht	Δύναμη
Krijger	Πολεμιστήσ
Legende	Θρύλοσ
Magisch	Μαγικό
Monster	Τέρασ
Onsterfelijkheid	Αθανασία
Ramp	Καταστροφή
Sterfelijk	Θνητόσ
Wezen	Πλάσμα
Wraak	Εκδίκηση

Natuur
Φύση

Arctisch	Αρκτική
Bergen	Βουνά
Bijen	Μέλισσεσ
Bos	Δασοσ
Dieren	Ζώα
Dynamisch	Δυναμική
Erosie	Διάβρωση
Gebladerte	Φύλλωμα
Gletsjer	Παγετώνασ
Heiligdom	Ιερό
Mist	Ομίχλη
Rivier	Ποταμόσ
Schoonheid	Ομορφιά
Schuilplaats	Καταφύγιο
Sereen	Γαλήνιο
Tropisch	Τροπική
Vitaal	Ζωτική
Wild	Άγριο
Woestijn	Ερήμου
Wolken	Σύννεφα

Natuurkunde
Φυσική

Atoom	Άτομο
Chaos	Χάοσ
Chemisch	Χημική
Deeltje	Σωματίδιο
Dichtheid	Πυκνότητα
Elektron	Ηλεκτρόνιο
Experiment	Πείραμα
Formule	Τύποσ
Frequentie	Συχνότητα
Gas	Αέριο
Magnetisme	Μαγνητισμόσ
Massa	Μάζα
Mechanica	Μηχανική
Molecuul	Μόριο
Motor	Μηχανή
Relativiteit	Σχετικότητα
Snelheid	Ταχύτητα
Universeel	Καθολική
Versnelling	Επιτάχυνση
Zwaartekracht	Βαρύτητα

Oceaan
Ωκεανός

Aal	Χέλι
Algen	Άλγη
Boot	Βάρκα
Dolfijn	Δελφίνι
Garnaal	Γαρίδα
Getijden	Παλίρροια
Haai	Καρχαρίασ
Koraal	Κοράλλι
Krab	Καβούρι
Kwal	Μέδουσεσ
Octopus	Χταπόδι
Oester	Στρείδι
Rif	Ξέρα
Schildpad	Χελώνα
Spons	Σφουγγάρι
Storm	Καταιγίδα
Tonijn	Τόνοσ
Vis	Ψάρι
Walvis	Φάλαινα
Zout	Αλάτι

Opwarming van de Aarde
Υπερθέρμανση του Πλανήτη

Aandacht	Προσοχή
Arctisch	Αρκτική
Crisis	Κρίση
Energie	Ενέργεια
Gas	Αέριο
Gegevens	Δεδομένα
Generaties	Γενιά
Gevolgen	Συνέπειεσ
Industrie	Βιομηχανία
Internationaal	Διεθνεσ
Klimaat	Κλίμα
Nu	Τώρα
Ontwikkeling	Ανάπτυξη
Regering	Κυβέρνηση
Temperaturen	Θερμοκρασία
Toekomst	Μέλλον
Wetenschapper	Επιστήμονασ
Wetgeving	Νομοθεσία

Overheid
Κυβέρνηση

Burgerschap	Ιθαγένεια
Civiel	Δημόσια
Democratie	Δημοκρατία
Discussie	Συζήτηση
Gelijkheid	Ισότητα
Gerechtelijk	Δικαστική
Gerechtigheid	Δικαιοσύνη
Grondwet	Σύνταγμα
Monument	Μνημείο
Natie	Έθνοσ
Politiek	Πολιτική
Rechten	Δικαιώματα
Rustig	Ειρηνική
Staat	Κατάσταση
Symbool	Σύμβολο
Toespraak	Ομιλία
Vrijheid	Ελευθερία
Wet	Δίκαιο
Wijk	Περιοχή

Regenwoud
Τροπικό Δάσος

Amfibieën	Αμφίβια
Behoud	Διατήρηση
Botanisch	Βοτανική
Diversiteit	Ποικιλία
Gemeenschap	Κοινότητα
Insecten	Έντομα
Jungle	Ζούγκλα
Klimaat	Κλίμα
Mos	Βρύα
Natuur	Φύση
Overleving	Επιβίωση
Respect	Σέβομαι
Restauratie	Αποκατάσταση
Soort	Είδοσ
Toevlucht	Καταφύγιο
Vogels	Πουλιά
Waardevol	Πολύτιμα
Wolken	Σύννεφα
Zoogdieren	Θηλαστικά

Restaurant #2
Εστιατόριο #2

Cake	Κέικ
Diner	Δείπνο
Drank	Ποτό
Eieren	Αυγα
Fruit	Φρούτο
Groente	Λαχανικά
Heerlijk	Νόστιμο
Ijs	Πάγοσ
Lepel	Κουτάλι
Lunch	Γεύμα
Noedels	Λαζάνια
Ober	Σερβιτόροσ
Salade	Σαλάτα
Soep	Σούπα
Specerijen	Μπαχαρικό
Stoel	Καρέκλα
Vis	Ψάρι
Vork	Πιρούνι
Water	Νερό
Zout	Αλάτι

Rijden
Οδήγηση

Auto	Αυτοκίνητο
Brandstof	Καύσιμο
Garage	Γκαράζ
Gas	Αέριο
Gevaar	Κινδύνου
Kaart	Χάρτη
Licentie	Άδεια
Motor	Μοτέρ
Motorfiets	Μοτοσυκλέτα
Ongeluk	Ατύχημα
Politie	Αστυνομία
Remmen	Φρένα
Snelheid	Ταχύτητα
Straat	Δρόμο
Tunnel	Σήραγγα
Veiligheid	Ασφάλεια
Verkeer	Κυκλοφορία
Voetganger	Πεζόσ
Vrachtauto	Φορτηγό
Weg	Δρόμοσ

Schoonheid
Ομορφιά

Charme	Γοητεία
Cosmetica	Καλλυντικά
Diensten	Υπηρεσία
Elegant	Κομψό
Elegantie	Κομψότητα
Fotogeniek	Φωτογενησ
Genade	Χάρη
Geur	Άρωμα
Glad	Ομαλή
Huid	Δέρμα
Kleur	Χρώμα
Krullen	Μπούκλεσ
Lippenstift	Κραγιόν
Mascara	Μάσκαρα
Producten	Προϊόν
Schaar	Ψαλίδι
Shampoo	Σαμπουάν
Spiegel	Καθρεφτησ
Stilist	Στυλίστασ
Verzinnen	Μακιγιάζ

Specerijen
Μπαχαρικά

Anijs	Γλυκάνισο
Bitter	Πικρή
Gember	Τζίντζερ
Kaneel	Κανέλα
Kardemom	Κάρδαμο
Kerrie	Κάρυ
Knoflook	Σκόρδο
Komijn	Κύμινο
Kruidnagel	Γαρύφαλλο
Kurkuma	Κουρκούμη
Nootmuskaat	Μοσχοκάρυδο
Paprika	Πάπρικα
Peper	Πιπέρι
Saffraan	Κροκοσ
Smaak	Γεύση
Ui	Κρεμμύδι
Vanille	Βανίλια
Venkel	Μάραθο
Zoet	Γλυκό
Zout	Αλάτι

Stad
Πόλη

Apotheek	Φαρμακείο
Bakkerij	Αρτοποιείο
Bank	Τράπεζα
Bibliotheek	Βιβλιοθήκη
Bloemist	Ανθοπωλείο
Boekhandel	Βιβλιοπωλείο
Dierentuin	Ζωολογικό
Galerij	Συλλογή
Hotel	Ξενοδοχείο
Kliniek	Κλινική
Luchthaven	Αεροδρόμιο
Markt	Αγορά
Museum	Μουσείο
Restaurant	Εστιατόριο
School	Σχολείο
Stadion	Στάδιο
Supermarkt	Μάρκετ
Theater	Θέατρο
Universiteit	Πανεπιστήμιο
Winkel	Αποθηκεύω

Strand
Παραλία

Blauw	Μπλε
Boot	Βάρκα
Dok	Αποβάθρα
Eiland	Νησί
Handdoek	Πετσέτα
Krab	Καβούρι
Kust	Ακτή
Lagune	Λιμνοθάλασσα
Oceaan	Ωκεανόσ
Paraplu	Ομπρέλα
Rif	Ξέρα
Sandalen	Σανδάλια
Schelpen	Κοχύλια
Vakantie	Διακοπέσ
Zand	Άμμο
Zee	Θάλασσα
Zeilboot	Ιστιοφόρο
Zon	Ήλιοσ

Tijd
Χρόνος

Dag	Μέρα
Decennium	Δεκαετία
Eeuw	Αιώνασ
Gisteren	Χθεσ
Jaar	Ετοσ
Jaarlijks	Ετήσια
Kalender	Ημερολόγιο
Klok	Ρολόι
Maand	Μήνασ
Middag	Μεσημέρι
Minuut	Λεπτό
Na	Μετά
Nacht	Νύχτα
Nu	Τώρα
Ochtend	Πρωί
Toekomst	Μέλλον
Uur	Ώρα
Vandaag	Σήμερα
Vroeg	Αρχή
Week	Εβδομάδα

Tuin
Κήπος

Bank	Παγκάκι
Bloem	Λουλούδι
Boom	Δέντρο
Boomgaard	Περιβόλι
Garage	Γκαράζ
Gazon	Γκαζόν
Gras	Γρασίδι
Hangmat	Αιώρα
Hark	Τσουγκράνα
Hek	Φρακτησ
Onkruid	Ζιζάνια
Schop	Φτυάρι
Slang	Σωλήνα
Terras	Βεράντα
Trampoline	Τραμπολίνο
Tuin	Κήποσ
Vijver	Λίμνη
Wijnstok	Αμπέλι

Tuinieren
Κηπουρική

Blad	Φύλλο
Bloemen	Λουλουδιών
Bloesem	Άνθοσ
Boeket	Μπουκέτο
Boomgaard	Περιβόλι
Botanisch	Βοτανική
Compost	Κοπρόχωμα
Container	Δοχείο
Eetbaar	Βρώσιμα
Exotisch	Εξωτικό
Gebladerte	Φύλλωμα
Klimaat	Κλίμα
Seizoensgebonden	Εποχιακή
Slang	Σωλήνα
Soort	Είδοσ
Vocht	Υγρασία
Vuil	Βρωμιά
Water	Νερό
Zaden	Σπόροι

Universum
Σύμπαν

Asteroïde	Αστεροειδήσ
Astronomie	Αστρονομία
Astronoom	Αστρονόμοσ
Atmosfeer	Ατμόσφαιρα
Baan	Τροχιά
Dierenriem	Ζώδιο
Duisternis	Σκοτάδι
Evenaar	Ισημερινόσ
Halfrond	Ημισφαίριο
Hemel	Ουρανόσ
Horizon	Ορίζοντα
Kantelen	Κλίση
Kosmisch	Κοσμική
Lengtegraad	Γεωγραφικό
Maan	Φεγγάρι
Sterrenstelsel	Γαλαξίασ
Telescoop	Τηλεσκόπιο
Zichtbaar	Ορατή
Zonne	Ηλιακή
Zonnewende	Ηλιοστάσιο

Vakantie #2
Διακοπές #2

Bergen	Βουνά
Bestemming	Προορισμόσ
Buitenlands	Ξένο
Eiland	Νησί
Hotel	Ξενοδοχείο
Kaart	Χάρτη
Kamperen	Κάμπινγκ
Luchthaven	Αεροδρόμιο
Paspoort	Διαβατήριο
Reis	Ταξίδι
Restaurant	Εστιατόριο
Strand	Παραλία
Taxi	Ταξί
Tent	Σκηνή
Trein	Τρένο
Vervoer	Μεταφορά
Visum	Βίζα
Vrije Tijd	Αναψυχή
Zee	Θάλασσα

Vissen
Ψάρεμα

Aas	Δόλωμα
Apparatuur	Εξοπλισμόσ
Boot	Βάρκα
Draad	Σύρμα
Geduld	Υπομονή
Gewicht	Ζυγίζω
Haak	Άγκιστρο
Kaak	Σαγόνι
Kieuwen	Βράγχια
Mand	Καλάθι
Meer	Λίμνη
Oceaan	Ωκεανόσ
Overdrijving	Υπερβολή
Rivier	Ποταμόσ
Seizoen	Εποχή
Strand	Παραλία
Vinnen	Πτερύγια
Water	Νερό

Vliegtuigen
Αεροπλάνα

Afdaling	Καταγωγή
Atmosfeer	Ατμόσφαιρα
Avontuur	Περιπέτεια
Ballon	Μπαλόνι
Bemanning	Πλήρωμα
Bouw	Κατασκευή
Brandstof	Καύσιμο
Geschiedenis	Ιστορία
Hemel	Ουρανόσ
Hoogte	Υψοσ
Landen	Προσγείωση
Lucht	Αέρασ
Motor	Μηχανή
Ontwerp	Σχέδιο
Passagier	Επιβάτη
Piloot	Πιλοτική
Propellers	Έλικα
Richting	Κατεύθυνση
Turbulentie	Αναταραχή
Waterstof	Υδρογόνο

Voeding
Διατροφή

Bitter	Πικρή
Calorieën	Θερμιδεσ
Dieet	Διατροφή
Eetbaar	Βρώσιμα
Eetlust	Όρεξη
Eiwitten	Πρωτεΐνεσ
Evenwichtig	Ισορροπημένη
Fermentatie	Ζύμωση
Gewicht	Ζυγίζω
Gezond	Υγιή
Gezondheid	Υγεία
Kwaliteit	Ποιότητα
Saus	Σάλτσα
Smaak	Γεύση
Specerijen	Μπαχαρικό
Spijsvertering	Πέψη
Toxine	Τοξίνη
Vitamine	Βιταμίνη
Vloeistoffen	Υγρά
Voedingsstof	Θρεπτική

Voertuigen
Οχήματα

Ambulance	Ασθενοφόρο
Auto	Αυτοκίνητο
Banden	Λάστιχα
Boot	Βάρκα
Bus	Λεωφορείο
Caravan	Τροχόσπιτο
Fiets	Ποδήλατο
Helikopter	Ελικόπτερο
Metro	Μετρό
Motor	Μηχανή
Onderzeeër	Υποβρύχιο
Raket	Ρουκέτα
Scooter	Σκούτερ
Taxi	Ταξί
Tractor	Τρακτέρ
Trein	Τρένο
Veerboot	Πορθμείο
Vliegtuig	Αεροπλάνο
Vlot	Σχεδία
Vrachtauto	Φορτηγό

Vogels
Πουλιά

Adelaar	Αετόσ
Duif	Περιστέρι
Eend	Πάπια
Ei	Αυγό
Flamingo	Φλαμίνγκο
Gans	Χήνα
Havik	Γεράκι
Kip	Κοτόπουλο
Koekoek	Κούκοσ
Meeuw	Γλάροσ
Mus	Σπουργίτι
Ooievaar	Πελαργόσ
Papegaai	Παπαγάλοσ
Pauw	Παγώνι
Pelikaan	Πελεκαν
Pinguïn	Πιγκουίνοσ
Reiger	Ερωδιοσ
Toekan	Τουκάν
Uil	Κουκουβάγια
Zwaan	Κύκνοσ

Vormen
Σχήματα

Bol	Σφαίρα
Boog	Τόξο
Cilinder	Κύλινδροσ
Cirkel	Κύκλοσ
Curve	Καμπύλη
Driehoek	Τριγώνου
Hoek	Γωνία
Hyperbool	Υπερβολή
Kant	Πλευρά
Kegel	Κώνοσ
Kubus	Κύβοσ
Lijn	Γραμμή
Ovaal	Έλλειψη
Piramide	Πυραμίδα
Prisma	Πρίσμα
Randen	Άκρη
Rechthoek	Ορθογώνιο
Veelhoek	Πολύγωνο
Vierkant	Πλατεία

Wandelen
Πεζοπορία

Berg	Βουνό
Dieren	Ζώα
Gidsen	Οδηγοί
Kaart	Χάρτη
Kamperen	Κάμπινγκ
Klif	Βράχο
Klimaat	Κλίμα
Laarzen	Μπότεσ
Moe	Κουρασμένοσ
Muggen	Κουνούπια
Natuur	Φύση
Parken	Πάρκα
Stenen	Πέτρα
Top	Κορυφή
Voorbereiding	Παρασκευή
Water	Νερό
Weer	Καιρόσ
Wild	Άγριο
Zon	Ήλιοσ
Zwaar	Βαριά

Water
Νερό

Douche	Ντουσ
Drinkbaar	Πόσιμο
Golven	Κύματα
Ijs	Πάγοσ
Irrigatie	Άρδευση
Kanaal	Κανάλι
Meer	Λίμνη
Moesson	Μουσώνασ
Oceaan	Ωκεανόσ
Orkaan	Χιουρικανασ
Overstroming	Πλημμύρα
Regen	Βροχή
Rivier	Ποταμόσ
Sneeuw	Χιόνι
Stoom	Ατμού
Verdamping	Εξάτμιση
Vochtig	Υγρό
Vochtigheid	Υγρασία
Vorst	Παγωνιά

Weersomstandigheden
Καιρός

Atmosfeer	Ατμόσφαιρα
Bliksem	Αστραπή
Donder	Βροντή
Droog	Ξηρό
Droogte	Ξηρασία
Hemel	Ουρανόσ
Ijs	Πάγοσ
Klimaat	Κλίμα
Mist	Ομίχλη
Moesson	Μουσώνασ
Orkaan	Χιουρικανασ
Overstroming	Πλημμύρα
Polair	Πολική
Regenboog	Ουράνιο Τόξο
Storm	Καταιγίδα
Temperatuur	Θερμοκρασία
Tropisch	Τροπική
Vochtig	Υγρό
Wind	Άνεμοσ
Wolk	Σύννεφο

Wetenschap
Επιστήμη

Atoom	Άτομο
Chemisch	Χημική
Deeltjes	Σωματίδια
Evolutie	Εξέλιξη
Experiment	Πείραμα
Feit	Γεγονόσ
Fossiel	Απολίθωμα
Gegevens	Δεδομένα
Hypothese	Υπόθεση
Klimaat	Κλίμα
Laboratorium	Εργαστήριο
Methode	Μέθοδοσ
Mineralen	Ορυκτά
Moleculen	Μόρια
Natuur	Φύση
Natuurkunde	Φυσική
Observatie	Παρατήρηση
Organisme	Οργανισμόσ
Wetenschapper	Επιστήμονασ
Zwaartekracht	Βαρύτητα

Wetenschappelijke Discip
Επιστημονικοί Κλάδοι

Anatomie	Ανατομία
Archeologie	Αρχαιολογία
Astronomie	Αστρονομία
Biochemie	Βιοχημεία
Biologie	Βιολογία
Chemie	Χημεία
Ecologie	Οικολογία
Fysiologie	Φυσιολογία
Geologie	Γεωλογία
Immunologie	Ανοσολογία
Mechanica	Μηχανική
Meteorologie	Μετεωρολογία
Mineralogie	Ορυκτολογία
Neurologie	Νευρολογία
Plantkunde	Βοτανική
Psychologie	Ψυχολογία
Robotica	Ρομποτική
Sociologie	Κοινωνιολογία
Thermodynamica	Θερμοδυναμική
Voeding	Διατροφή

Wiskunde
Μαθηματικά

Bol	Σφαίρα
Decimaal	Δεκαδικό
Diameter	Διάμετροσ
Divisie	Διαίρεση
Driehoek	Τριγώνου
Exponent	Εκθέτη
Fractie	Κλάσμα
Geometrie	Γεωμετρία
Hoeken	Γωνία
Loodrecht	Κάθετοσ
Omtrek	Περιφέρεια
Parallel	Παράλληλη
Rechthoek	Ορθογώνιο
Rekenkundig	Αριθμητική
Som	Άθροισμα
Symmetrie	Συμμετρία
Veelhoek	Πολύγωνο
Vergelijking	Εξίσωση
Vierkant	Πλατεία
Volume	Ένταση

Zakelijk
Επιχείρηση

Baas	Αφεντικό
Bedrijf	Εταιρεία
Belastingen	Φόροι
Carrière	Καριέρα
Economie	Οικονομικά
Fabriek	Εργοστάσιο
Financiën	Χρηματοδοτώ
Geld	Χρήμα
Importeren	Εισαγωγή
Inkomen	Εισόδημα
Investering	Επένδυση
Kantoor	Γραφείο
Korting	Έκπτωση
Kosten	Κόστοσ
Transactie	Συναλλαγή
Valuta	Νόμισμα
Verkoop	Πώληση
Werkgever	Εργοδότη
Winkel	Κατάστημα
Winst	Κέρδοσ

Ziekte
Ασθένεια

Ademhaling	Αναπνευστική
Allergieën	Αλλεργία
Besmettelijk	Μεταδοτικό
Botten	Οστά
Buik	Κοιλιακή
Chronisch	Χρόνιοσ
Erfelijk	Κληρονομική
Genetisch	Γενετική
Gezondheid	Υγεία
Hart	Καρδιά
Immuniteit	Ασυλία
Lenden-	Οσφυϊκή
Lichaam	Σώμα
Neuropathie	Νευροπάθεια
Ontsteking	Φλεγμονή
Syndroom	Σύνδρομο
Therapie	Θεραπεία
Ziekteverwekkers	Παθογόνα

Zoogdieren
Θηλαστικά

Aap	Μαϊμού
Bever	Κάστορασ
Coyote	Κογιότ
Dolfijn	Δελφίνι
Ezel	Γαϊδούρι
Geit	Γίδα
Giraf	Καμηλοπάρδαλη
Gorilla	Γορίλασ
Hond	Σκύλοσ
Kameel	Καμήλα
Kangoeroe	Καγκουρό
Kat	Γάτα
Konijn	Κουνέλι
Leeuw	Λιοντάρι
Olifant	Ελέφαντασ
Paard	Άλογο
Stier	Ταύροσ
Vos	Αλεπού
Walvis	Φάλαινα
Wolf	Λύκοσ

Gefeliciteerd

Je hebt het gehaald!

We hopen dat u net zoveel plezier beleeft aan dit boek als wij aan het maken ervan. We doen ons best om spellen van hoge kwaliteit te maken.
Deze puzzels zijn op een slimme manier ontworpen zodat je actief kunt leren terwijl je plezier hebt!

Vond je ze mooi?

Een Eenvoudig Verzoek

Onze boeken bestaan dankzij de recensies die zij publiceren.
Kunt u ons helpen door nu een mening achter te laten ?

Hier is een korte link die u naar uw
bestellingen beoordelingspagina.

BestBooksActivity.com/Recensie50

FINAAL UITDAGING!

Uitdaging nr. 1

Klaar voor uw bonusspel? We gebruiken ze de hele tijd, maar ze zijn niet zo gemakkelijk te vinden. Hier zijn **Synoniemen!**

Noteer 5 woorden die je ontdekt hebt in elk van de onderstaande puzzels (nr. 21, nr. 36, nr. 76) en probeer voor elk woord 2 synoniemen te vinden.

Notitie 5 Woorden uit *Puzzle 21*

Woorden	Synoniem 1	Synoniem 2

Notitie 5 Woorden uit *Puzzle 36*

Woorden	Synoniem 1	Synoniem 2

Notitie 5 Woorden uit *Puzzle 76*

Woorden	Synoniem 1	Synoniem 2

Uitdaging nr. 2

Nu je opgewarmd bent, noteer 5 woorden die je ontdekt hebt in elke hieronder genoteerde puzzel (nr. 9, nr. 17, nr. 25) en probeer voor elk woord 2 antoniemen te vinden. Hoeveel regels kan je doen in 20 minuten?

Notitie 5 Woorden uit *Puzzle 9*

Woorden	Antoniem 1	Antoniem 2

Notitie 5 Woorden uit *Puzzle 17*

Woorden	Antoniem 1	Antoniem 2

Notitie 5 Woorden uit *Puzzle 25*

Woorden	Antoniem 1	Antoniem 2

Uitdaging nr. 3

Prachtig, deze finaal uitdaging  is makkelijk voor jou!

Klaar voor de laatste? Kies je 10 favoriete woorden die je in een van de puzzels hebt ontdekt en noteer ze hieronder.

1.	6.
2.	7.
3.	8.
4.	9.
5.	10.

De uitdaging is nu om met deze woorden en binnen een maximum van zes zinnen een tekst te schrijven over een persoon, dier of plaats waar je van houdt!

Tip: U kunt de laatste blanco pagina van dit boek als kladblaadje gebruiken!

Je schrijven:

NOTITIEBOEKJE:

TOT SNEL!

Linguas Classics

GENIET VAN GRATIS SPELLEN

GO

↓

BESTACTIVITYBOOKS.COM/FREEGAMES